Dewey | Qualitative Thought

Great Papers Philosophie

John Dewey
Qualitative Thought
Qualitatives Denken

Englisch/Deutsch

Aus dem amerikanischen Englisch übersetzt
und herausgegeben von Matthias Jung

Reclam

RECLAMS UNIVERSAL-BIBLIOTHEK Nr. 14378
2024 Philipp Reclam jun. Verlag GmbH,
Siemensstraße 32, 71254 Ditzingen
Gestaltung: Cornelia Feyll, Friedrich Forssman
Druck und Bindung: Esser printSolutions GmbH,
Untere Sonnenstraße 5, 84030 Ergolding
Printed in Germany 2024
RECLAM, UNIVERSAL-BIBLIOTHEK und
RECLAMS UNIVERSAL-BIBLIOTHEK sind eingetragene Marken
der Philipp Reclam jun. GmbH & Co. KG, Stuttgart
ISBN 978-3-15-014378-0

www.reclam.de

Qualitative Thought
Qualitatives Denken

Qualitative Thought

1 The world in which we immediately live, that in which we strive, succeed, and are defeated is preeminently a qualitative world. What we act for, suffer, and enjoy are things in their qualitative determinations. This world forms the field of characteristic modes of thinking, characteristic in that thought is definitely regulated by qualitative considerations. Were it not for the double and hence ambiguous sense of the term "common-sense," it might be said that common-sense thinking, that concerned with action and its consequences, whether undergone in enjoyment or suffering, is qualitative. But since "common-sense" is also used to designate accepted traditions and is appealed to in support of them, it is safe at the outset to refer simply to that thought which has to do with objects involved in the concerns and issues of living.

2 The problem of qualitative objects has influenced metaphysics and epistemology but has not received corresponding attention in logical theory. The propositions significant in physical science are oblivious of qualitative considerations as such; they deal with "primary qualities" in distinction from secondary and tertiary; in actual treatment, moreover, these primary qualities are not qualities but relations. Consider the difference between movement as quali-

Qualitatives Denken

1 Unsere unmittelbare Lebenswelt, die Welt, in der wir nach etwas streben, Erfolg haben oder Niederlagen erleiden, ist vor allem eine qualitative Welt. Um wessen willen wir handeln, was wir erleiden und genießen, sind Dinge in ihren qualitativen Bestimmungen. Diese Welt bildet einen Bereich charakteristischer Formen des Denkens, charakteristisch insofern, als das Denken eindeutig von qualitativen Erwägungen geleitet wird. Gäbe es die doppelte und deshalb uneindeutige Bedeutung des Worts »gesunder Menschenverstand« nicht, könnte man sagen, dass das Denken des gesunden Menschenverstands, dem es um Handlungen und ihre Konsequenzen unabhängig davon geht, ob diese nun genossen oder erlitten werden, qualitativ ist. Weil aber »gesunder Menschenverstand« auch verwendet wird, um weithin akzeptierte Traditionen zu bezeichnen, und in Anspruch genommen wird, um diese zu unterstützen, ist es von vornherein sicherer, sich einfach auf dasjenige Denken zu beziehen, das mit jenen Objekten zu tun hat, die in den Sorgen und Angelegenheiten des Lebens enthalten sind.

2 Das Problem qualitativer Objekte hat die Metaphysik und Epistemologie beeinflusst, in der logischen Theorie jedoch keine entsprechende Aufmerksamkeit gefunden. Die Aussagen, die in der Physik eine Rolle spielen, sehen von qualitativen Erwägungen als solchen ab; sie handeln von »primären« Qualitäten im Unterschied zu sekundären und tertiären Qualitäten; außerdem werden diese primären Qualitäten tatsächlich nicht als Qualitäten, sondern als Relationen behandelt. Man bedenke den Unterschied zwischen Bewegung als qualitativer Veränderung und als

tative alteration, and motion as $F = ma$; between stress as involving effort and tension, and as force per unit surface; between the red of the blood issuing from a wound, and red as signifying 400 trillion vibrations per time unit. Metaphysics has been concerned with the existential status of qualitative objects as contrasted with those of physical science, while epistemology, having frequently decided that qualities are subjective and physical, has been concerned with their relation in knowing [244] to the properties of "external" objects defined in non-qualitative terms.

3 But a logical problem remains. What is the relation or lack of relations between the two types of propositions, one which refers to objects of physical science and the other to qualitative objects? What, if any, are the distinguishing logical marks of each kind? If it were true that things as things, apart from interaction with an organism, are qualityless, the logical problem would remain. For the truth would concern the mode of production and existence of qualitative things. It is irrelevant to their logical status. Logic can hardly admit that it is concerned only with objects having one special mode of production and existence, and yet claim universality. And it would be fatal to the claims of logic to say that because qualities are psychical — supposing for the moment that they are — therefore logical theory has

$F = ma$; zwischen Druck als etwas, das Anstrengung und Spannung einschließt, und Druck als Kraft pro Einheit der Oberfläche; zwischen dem Rot des Bluts, das aus einer Wunde tritt, und rot als etwas, das 400 Billionen Schwingungen pro Zeiteinheit bezeichnet. Die Metaphysik hat sich mit dem Existenzstatus qualitativer Objekte im Unterschied zu solchen der Physik befasst, während die Epistemologie, die sich häufig dafür entschieden hat, Qualitäten als subjektiv und psychisch zu behandeln, sich mit ihrer das Wissen betreffenden Beziehung [244] zu den Eigenschaften »externer« Objekte befasst hat, die in nichtqualitativen Begriffen definiert werden.

Doch bleibt ein logisches Problem. Worin besteht die 3
Beziehung – oder deren Fehlen – zwischen diesen zwei Typen von Aussagen, von denen der eine sich auf die Objekte der Physik und der andere sich auf qualitative Objekte bezieht? Worin bestehen die unterscheidenden logischen Merkmale der verschiedenen Typen – falls es sie überhaupt gibt? Wenn es wahr wäre, dass Dinge als Dinge, von Interaktionen mit einem Organismus abgesehen, keine Qualitäten haben, dann würde das logische Problem weiter bestehen bleiben. Denn diese Wahrheit würde die Weise der Entstehung und der Existenz qualitativer Dinge betreffen. Für ihren logischen Status ist sie irrelevant. Die Logik kann wohl kaum zugeben, dass sie sich nur um Objekte kümmert, die eine spezielle Form der Entstehung und Existenz aufweisen, und dennoch für sich Universalität beanspruchen. Und es wäre fatal für die Ansprüche der Logik zu behaupten, aufgrund dessen, dass Qualitäten psychisch sind – nehmen wir für den Moment einmal an, dass sie es tatsächlich sind – hätte die logische Theorie mit den For-

nothing to do with forms of thought characteristic of qualitative objects. It is even possible that some of the difficulties of metaphysical and epistemological theory about scientific and ordinary objects spring from neglect of a basic logical treatment.

4 A preliminary introduction to the topic may be found in the fact that Aristotelian logic, which still passes current nominally, is a logic based upon the idea that qualitative objects are existential in the fullest sense. To retain logical principles based on this conception along with the acceptance of theories of existence and knowledge based on an opposite conception is not, to say the least, conducive to clearness — a consideration that has a good deal to do with the existing dualism between traditional and the newer relational logics. A more obviously pertinent consideration is the fact that the interpretation of classic logic treats qualitative determinations as fixed properties of objects, and thus is committed to either an attributive or a classificatory doctrine of the import of propositions. Take the proposition: "The red Indian is stoical." This is interpreted either as signifying that the Indian in question is characterized by the property of stoicism in addition to that of redness, or that he belongs to the class of stoical objects. The ordinary direct sense of the proposition escapes recognition in either case. For this sense expresses the fact that the indigenous American was permeated throughout by a certain quality, instead

men des Denkens nichts zu tun, die charakteristisch für qualitative Objekte sind. Es wäre sogar möglich, dass einige der Schwierigkeiten, die metaphysische und epistemologische Theorien über wissenschaftliche und gewöhnliche Objekte mit sich bringen, daraus entspringen, dass eine grundsätzliche logische Behandlung versäumt wurde.

Eine vorläufige Einführung in das Thema mag die Tatsa- 4
che liefern, dass die Aristotelische Logik, die nominell immer noch gültig ist, eine Logik ist, die auf der Idee basiert, dass qualitative Objekte im vollsten Sinn des Wortes existent sind. Es trägt, um das Mindeste zu sagen, nicht zur Klarheit bei, dass man logische Prinzipien beibehält, die auf dieser Konzeption, und gleichzeitig Theorien der Wirklichkeit und des Wissens akzeptiert, die auf der gegenteiligen Konzeption basieren, – eine Überlegung, die viel mit dem bestehenden Dualismus zwischen der traditionellen und der neueren relationalen Logik zu tun hat. Eine noch einschlägigere Überlegung besteht in der Tatsache, dass die Interpretation der klassischen Logik qualitative Bestimmungen als feste Eigenschaften von Objekten behandelt, und deshalb entweder einer attributiven oder klassifikatorischen Anschauung der Bedeutung von Aussagen verpflichtet ist. Man nehme den Satz »Der rote Indianer ist stoisch«. Seine Bedeutung wird dann entweder so verstanden, dass der betreffende Indianer zusätzlich zu der Eigenschaft des Rotseins durch die Eigenschaft, stoisch zu sein, gekennzeichnet ist, oder dass er zu der Klasse der stoischen Objekte gehört. Die gewöhnliche direkte Bedeutung der Aussage wird in beiden Fällen verkannt. Diese Bedeutung bringt die Tatsache zum Ausdruck, dass der amerikanische Ureinwohner durch und durch von einer bestimmten Qualität

of being an object possessing a certain quality along with others. He lived, acted, endured stoically. [245]

5 If one thinks that the difference between the two meanings has no logical import, let him reflect that the whole current subject-predication theory of propositions is affected by the "property" notion, whether the theory speaks in the language of attribution or classification. A subject is "given" – ultimately apart from thinking – and thought adds to what is given a further determination or else assigns it to a ready-made class of things. Neither theory can have any place for the integral development and reconstruction of subject-matter effected by the thought expressed in propositions. In effect it excludes thought from any share in the determination of the subject-matter of knowledge, confining it to setting forth the results (whether conceived as attributive or classificatory) of knowledge already attained in isolation from the method by which it is attained.

6 Perhaps, however, the consideration that will appeal to most people is the fact that the neglect of qualitative objects and considerations leaves thought in certain subjects without any logical status and control. In esthetic matters, in morals and politics, the effect of this neglect is either to deny (implicitly at least) that they have logical foundation or else, in order to bring them under received logical categories, to evacuate them of their distinctive meaning – a pro-

durchdrungen war, im Unterschied dazu, ein Objekt zu sein, das eine bestimmte Eigenschaft zusammen mit anderen besitzt. Er lebte, handelte, und litt auf stoische Weise. [245]

Wer glaubt, dass der Unterschied zwischen diesen bei- 5
den Bedeutungen keine logische Relevanz hat, sollte bedenken, dass die ganze gegenwärtige Subjekt-Prädikations-Theorie der Aussagen vom Begriff der »Eigenschaft« beeinflusst ist, ob die Theorie die Sprache der Attribution oder die der Klassifikation spricht. Ein Subjekt ist »gegeben« – schlussendlich unabhängig vom Denken –, und dann fügt das Denken zum Gegebenen eine zusätzliche Bestimmung hinzu oder weist ihm einer vorfabrizierten Klasse von Dingen zu. Keine der beiden Theorien kann irgendeinen Raum für die innere Entwicklung und Rekonstruktion des Stoffs, wie sie durch den in Aussagen ausgedrückten Gedanken bewirkt werden, freihalten. In Wirklichkeit schließen sie das Denken von jedem Anteil an der Bestimmung des Stoffs des Wissens aus und beschränken es darauf, die Resultate (unabhängig davon, ob sie nun als attributiv oder klassifikatorisch verstanden werden) bereits erlangten Wissens isoliert von der Methode ihrer Gewinnung zu präsentieren.

Doch besteht ja diejenige Überlegung, die die meisten 6
Menschen ansprechen dürfte, in der Tatsache, dass die Vernachlässigung qualitativer Objekte und Erwägungen das Denken in bestimmten Situationen ohne jeden logischen Status und Kontrolle lässt. In Fragen der Ästhetik, in Moral und Politik besteht der Effekt dieser Vernachlässigung darin, entweder (zumindest implizit) zu leugnen, dass sie über logische Fundamente verfügen, oder aber, ihnen ihre charakteristische Bedeutung zu entziehen, um sie unter die

cedure which produces the myth of the "economic man" and the reduction of esthetics and morals, as far as they can receive any intellectual treatment at all, to quasi-mathematical subjects.

7 Consider for example a picture that is a work of art and not just a chromo or other mode of mechanical product. Its quality is not a property which it possesses in addition to its other properties. It is something which externally demarcates it from other paintings, and which internally pervades, colors, tones, and weights every detail and every relation of the work of art. The same thing is true of the "quality" of a person or of historic events. We follow, with apparently complete understanding, a tale in which a certain quality or character is ascribed to a certain man. But something said causes us to interject, "Oh, you are speaking of Thomas Jones, I supposed you meant John Jones." Every detail related, every distinction set forth remains just what it was before. Yet the significance, the color and weight, of every detail is altered. For the quality that runs through them all, that gives meaning to each and binds them together, is transformed. [246]

8 Now my point is that unless such underlying and pervasive qualitative determinations are acknowledged in a distinct logical formulation, once or other of two results is bound to follow. Either thought is denied to the sub-

etablierten logischen Kategorien zu bringen, – ein Verfahren, das den Mythos des »ökonomischen Menschen« wie auch die Reduktion von Ästhetik und Moral, soweit diese überhaupt noch eine intellektuelle Behandlung erfahren können, zu quasi-mathematischen Gegenständen hervorgebracht hat.

Man nehme etwa ein Bild, das ein Kunstwerk und nicht 7
einfach ein Farbdruck oder eine andere Form eines mechanischen Produktes ist. Seine Qualität ist keine Eigenschaft, die es zusätzlich zu seinen anderen Eigenschaften besitzt. Sie ist etwas, das es äußerlich von anderen Kunstwerken unterscheidet und innerlich jedes Detail und jede Beziehung des Kunstwerks durchdringt, einfärbt, tönt und gewichtet. Dasselbe gilt von der »Qualität« einer Person oder eines historischen Ereignisses. Wir folgen, offenbar in völligem Verständnis, einer Geschichte, in der eine bestimmte Qualität oder ein bestimmter Charakter einem bestimmten Mann zugesprochen wird. Doch etwas, das gesagt wurde, bringt uns dazu, einzuwerfen: »Oh, du sprichst von Thomas Jones; ich dachte, du meinst John Jones.« Jedes Detail, das in Beziehung zu etwas gesetzt, jede Unterscheidung, die getroffen wurde, bleibt genau das, was es vorher war. Doch hat sich die Bedeutung, die Farbe und das Gewicht eines jeden Details verändert. Die Qualität nämlich, die alles dieses durchzieht, die allem Bedeutung gibt und alles verbindet, wurde übertragen. [246]

Ich bin nun der Meinung, dass sich das eine oder das an- 8
dere von zwei Resultaten zwangsläufig ergibt, sollte diese dem zugrunde liegende und alles durchdringende qualitative Bestimmung nicht in einer expliziten logischen Formulierung bestätigt werden. Entweder wird der fragliche Stoff

ject-matter in question, and the phenomena are attributed to "intuition" or "genius" or "impulse" or "personality" as ultimate and unanalyzable entities; or, worse yet, intellectual analysis is reduced to a mechanical enumeration of isolated items or "properties." As a matter of fact, such intellectual definiteness and coherence as the subjects and criticisms of esthetic and moral subjects possess is due to their being controlled by the quality of subject-matter as a whole. Consideration of the meaning of regulations by an underlying and pervasive quality is the theme of this article.

9 What is intended may be indicated by drawing a distinction between something called a "situation" and something termed an "object." By the term situation in this connection is signified the fact that the subject-matter ultimately referred to in existential propositions is a complex existence that is held together in spite of its internal complexity by the fact that it is dominated and characterized throughout by a single quality. By "object" is meant some element in the complex whole that is defined in abstraction from the whole of which it is a distinction. The special point made is that the selective determination and relation of objects in thought is controlled by reference to a situation — to that which is constituted by a pervasive and internally integrating quality, so that failure to acknowledge the situation

dem Denken entzogen und die Phänomene werden der »Intuition«, dem »Genie«, dem »Impuls« oder der »Persönlichkeit« als letzte und unanalysierbare Entitäten zugeschrieben; oder, noch schlimmer, die intellektuelle Analyse wird auf eine mechanische Aufzählung isolierter Items oder »Eigenschaften« reduziert. Tatsächlich aber verdanken die Gegenstände und kritischen Aspekte, die ästhetischen und moralischen Themen zukommen, ihre intellektuelle Bestimmtheit und ihrem Zusammenhalt der Tatsache, dass sie von der Qualität des Stoffes als Ganze gesehen kontrolliert werden. Das Thema dieses Papers besteht darin, zu erwägen, was es bedeutet, durch eine unterliegende und allumfassende Qualität kontrolliert zu werden.

Um was es dabei genau geht, kann dadurch angedeutet 9
werden, dass man zwischen dem unterscheidet, was man eine »Situation« und dem, was man ein »Objekt« nennt. Der Begriff der Situation bezeichnet in diesem Zusammenhang die Tatsache, dass der Stoff, auf den sich Existenzaussagen schließlich beziehen, eine komplexe Realität ausmacht, die unbeschadet ihrer internen Komplexität durch die Tatsache zusammengehalten wird, dass sie von einer einzigen Qualität durchgängig dominiert und charakterisiert wird. Mit »Objekt« ist dann ein Element innerhalb des komplexen Ganzen gemeint, das in Absehung von dem Ganzen, von dem es eine Unterscheidung darstellt, definiert wird. Auf diese Weise würde betont, dass die auswählende Bestimmung und Beziehung von Objekten im Denken durch den Bezug auf eine Situation kontrolliert wird – auf jene Situation nämlich, die durch eine alles durchdringende und innerlich verbindende Qualität konstituiert ist, so dass, wenn die Situation nicht zur Kenntnis genommen wird, am Ende

leaves, in the end, the logical force of objects and their relations inexplicable.

10 Now in current logical formulations, the beginning is always made with "objects." If we take the proposition "the stone is shaly," the logical import of the proposition is treated as if something called "stone" had complete intellectual import in and of itself and then some property, having equally a fixed content in isolation, "shaly" is attributed to it. No such self-sufficient and self-enclosed entity can possibly lead anywhere nor be led to; connection among such entities is mechanical and arbitrary, not intellectual. Any proposition about "stone" or "shaly" would have to be analytic in the Kantian sense, merely stating part of the content already known to be contained in the meaning of the terms. That a tautological proposition is a proposition only in name is well recognized. In fact, "stone," "shaly" (or whatever [247] are subject and predicate) are determinations or distinctions instituted within the total subject-matter to which thought refers. When such propositions figure in logical textbooks, the actual subject-matter referred to is some branch of logical theory which is exemplified in the proposition.

11 This larger and inclusive subject-matter is what is meant by the term "situation." Two further points follow. The situation as such is not and cannot be stated or made explicit. It is taken for granted, "understood," or implicit in all prop-

die logische Kraft von Objekten und ihren Beziehungen zueinander unerklärlich bleibt.

Nun wird in den üblichen logischen Ausformulierungen 10
der Anfang immer mit »Objekten« gemacht. Wenn wir die Aussage »Der Stein ist schieferig« nehmen, wird der logische Sinn der Aussage so verstanden, als ob etwas, das Stein genannt wird, einen vollständigen intellektuellen Sinn in sich selbst hätte und ihm dann eine bestimmte Eigenschaft »schieferig«, ebenfalls mit einem isolierten, festgelegten Gehalt, zugeschrieben wird. Keine solche selbstgenügsame und in sich selbst geschlossene Entität bietet die Möglichkeit, irgendwo hinzuführen oder geführt zu werden; die Verbindung zwischen solchen Entitäten ist mechanisch und zufällig, nicht geistig. Jede Aussage über »Stein« oder »schieferig« müsste im Kantischen Sinn analytisch sein, bloß einen Teil des Gehalts ausdrücken, von dem schon bekannt ist, dass er in der Bedeutung der Begriffe enthalten ist. Dass eine tautologische Aussage nur dem Namen nach eine Aussage ist, ist wohl Allgemeingut. Tatsächlich sind »Stein«, »schieferig« (oder was immer [247] Subjekt oder Prädikat sind) Bestimmungen oder Unterscheidungen, die innerhalb des gesamten Feldes getroffen werden, auf den sich das Denken bezieht. Wenn solche Aussagen in Logik-Textbüchern auftauchen, dann ist das Feld, auf das man sich gerade bezieht, irgendein Zweig der logischen Theorie, der durch die Aussage exemplifiziert wird.

Dieser größere und alles einschließende Stoff ist mit 11
dem Begriff »Situation« gemeint. Daraus ergeben sich zwei weitere Punkte. Die Situation als solche wird nicht benannt oder explizit gemacht und kann es auch gar nicht werden. Sie wird für selbstverständlich gehalten, »verstanden«, oder

ositional symbolization. It forms the universe of discourse of whatever is expressly stated or of what appears as a term in a proposition. The situation cannot present itself as an element in a proposition any more than a universe of discourse can appear as a member of discourse within that universe. To call it "implicit" does not signify that it is implied. It is present throughout as that of which whatever is explicitly stated or propounded is a distinction. A quart bowl cannot be held within itself or in any of its contents. It may, however, be contained in another bowl, and similarly what is the "situation" in one proposition may appear as a term in *another* proposition — that is, in connection with some *other* situation to which thought now refers.

12 Secondly, the situation controls the terms of thought, for they are *its* distinctions, and applicability to it is the ultimate test of their validity. It is this place of the matter which is suggested by the earlier use of the idea of a pervasive and underlying quality. If the quart container affected the import of everything held within it, there would be a physical analogy, a consideration that may be awkwardly hinted at by the case of a person protesting to a salesman that he has not received a full quart; the deficiency affects everything that he has purchased. A work of art provides an

in jeder propositionalen Symbolisierung eingeschlossen. Sie bestimmt das Universum des Diskurses, innerhalb dessen etwas ausdrücklich behauptet werden oder als Begriff in einer Aussage auftauchen kann. Die Situation kann sich nicht als Element innerhalb einer Aussage präsentieren, ebenso wenig, wie ein Universum des Diskurses als Element eines Diskurses innerhalb dieses Universums auftauchen kann. Wenn man sie »implizit« nennt, dann bedeutet das nicht, dass sie impliziert ist. Sie ist als dasjenige durchgängig gegenwärtig, von dem alles, was explizit dargelegt oder behauptet wird, eine Unterscheidung ist. Ein Litergefäß kann nicht in sich selbst oder in einem Teil seines Inhalts enthalten sein. Es kann aber in einem anderen Gefäß enthalten sein, und in der derselben Weise kann auch dasjenige, was in einer Aussage die »Situation« ist, als Begriff in *einer anderen* Situation erscheinen – d. h. in Verbindung mit einer *anderen* Situation, auf die sich das Denken dann gerade bezieht.

Zweitens kontrolliert die Situation die Begriffe des Den- 12
kens, denn diese sind *ihre* Unterscheidungen, und die Anwendbarkeit auf sie macht den ultimativen Test ihrer Gültigkeit aus. Es ist diese Phase der Angelegenheit, die der obige Gebrauch der Idee einer durchdringenden und allem unterliegenden Qualität nahegelegt hat. Es würde eine physikalische Analogie sein, wenn das Litergefäß die Bedeutung all dessen, was in ihm enthalten ist, beeinflussen würde; eine Überlegung, auf die sich etwas unbeholfen durch den Fall einer Person hinweisen ließe, die sich bei einem Verkäufer darüber beschwert, nicht den vollen Liter erhalten zu haben; ein Mangel der sich auf alles auswirkt, das gekauft worden ist. Eine gute Veranschaulichung bietet ein

apter illustration. In it, as we have already noted, the quality of the whole permeates, affects, and controls every detail. There are paintings, buildings, novels, arguments, in which an observer notes an inability of the author to sustain a unified attention throughout. The details fall to pieces; they are not distinctions of one subject-matter, because there is no qualitative unity underlying them. Confusion and incoherence are always marks of lack of control by a single pervasive quality. The latter alone enables a person to keep track of what he is doing, saying, hearing, reading, in whatever explicitly appears. The underlying unity of qual-[248]itativeness regulates pertinence or relevancy and force of every distinction and relation; it guides selection and rejection and the manner of utilization of all explicit terms. This quality enables us to keep thinking about one problem without our having constantly to stop to ask ourselves what it is after all that we are thinking about. We are aware of it not by itself but as the background, the thread, and the directive clue in what we do expressly think of. For the latter things are *its*[1] distinctions and relations.

1. The "fringe" of James seems to me to be a somewhat unfortunate way of expressing the role of the underlying qualitative character that constitutes a situation — unfortunate because the metaphor tends to treat it as an additional element instead of an all-pervasive influence in determining other contents.

einzelnes Kunstwerk. Wie wir bereits festgestellt haben, durchdringt, beeinflusst und kontrolliert hier die Qualität des Ganzen jedes Detail. Es gibt Gemälde, Bilder, Romane, Argumente, bei denen ein Beobachter bemerkt, dass der Autor unfähig ist, durchgängig eine einheitliche Konzentration aufrechtzuerhalten. Die Details zerfallen; sie stellen keine Differenzierungen des einen Stoffs dar, weil es keine qualitative Einheit gibt, die ihnen zugrunde liegt. Verwirrung und fehlender Zusammenhang sind immer Zeichen eines Mangels an Kontrolle durch eine einzige, alles durchdringende Qualität. Nur diese erlaubt es einer Person, in allem, was auch immer explizit erscheint, mitzuverfolgen, was sie tut, sagt, hört und liest. Die zugrunde liegende Einheit des Quali-[248]tativen reguliert die Angemessenheit oder Relevanz oder Kraft einer jeden Unterscheidung und Relation; sie leitet Auswahl und Zurückweisung sowie die Art, in der alle expliziten Begriffe verwendet werden. Diese Qualität erlaubt es uns, über ein Problem nachzudenken, ohne dass wir dauernd innehalten müssen, um uns zu fragen, was es eigentlich ist, über das wir nachdenken. Wir sind der Qualität als solcher nicht bewusst, sondern nur als Hintergrund, als roter Faden und richtungsgebender Anhaltspunkt in dem, an was wir ausdrücklich denken. Denn die letztgenannten Dinge sind *ihre* Unterscheidungen und Relationen.[1]

1 Der »rand« (»*fringe*«) von James erscheint mir als ein etwas unglücklicher Weg, die Rolle des zugrunde liegenden qualitativen Charakters, der eine Situation konstituiert, zum Ausdruck zu bringen – unglücklich deshalb, weil die Metapher dazu tendiert, den Rand als ein zusätzliches Element anstelle eines alles durchdringenden Einflusses in der Bestimmung anderer Gehalte zu verstehen.

13 If we designate this permeating qualitative unity in psychological language, we say it is felt rather than thought. Then, if we hypostatize it, we call it *a* feeling. But to term it a feeling is to reverse the actual state of affairs. The existence of unifying qualitativeness in the subject-matter defines the meaning of "feeling." The notion that "a feeling" designates a ready-made independent psychical entity is a product of a reflection which presupposes the direct presence of quality as such. "Feeling" and "felt" are names for a *relation* of quality. When, for example, anger exists, it is the pervading tone, color, and quality of persons, things, and circumstances, or of a situation. When angry we are not aware of anger but of these objects in their immediate and unique qualities. In another situation, anger may appear as a distinct term, and analysis may then call it a feeling or emotion. But we have now shifted the universe of discourse, and the validity of the terms of the later one depends upon the existence of the direct quality of the whole in a former one. That is, in saying that something was *felt* not thought of, we are analyzing in a new situation, having its own immediate quality, the subject-matter of a prior situation; we are making anger an object of analytic examination, not being angry.

14 When it is said that I have a feeling, or impression, or "hunch," that things are thus and so, what is actually desig-

Wenn wir diese durchdringende qualitative Einheit in 13 psychologischer Sprache ausdrücken, sagen wir, sie sei eher gefühlt als gedacht. Wenn wir das dann vergegenständlichen, sprechen wir von *einem* Gefühl. Es stellt den tatsächlichen Sachverhalt auf den Kopf, wenn wir dies ein Gefühl nennen. Die Existenz eines vereinheitlichenden Qualitativen im Stoff definiert die Bedeutung von »Gefühl«. Die Vorstellung, dass ein »Gefühl« eine fertige, unabhängige psychische Entität bezeichnet, ist das Produkt einer Reflexion, die die direkte Präsenz von Qualität als solcher voraussetzt. »Gefühl« und »gefühlt« sind Bezeichnungen für eine *Relation* der Qualität. Wenn etwa Ärger vorkommt, bildet er die durchdringende Tönung, Farbe und Qualität von Personen, Dingen und Umständen, und einer Situation. Wenn wir verärgert sind, sind wir uns nicht unseres Ärgers bewusst, sondern sind wir uns dieser Objekte in ihren unmittelbaren und einzigartigen Qualitäten bewusst. In einer anderen Situation mag der Ärger als ein Begriff für eine Unterscheidung auftauchen, und die Analyse mag ihn dann ein Gefühl oder eine Emotion nennen. Doch haben wir das Universum des Diskurses verändert, und die Gültigkeit der Ausdrücke des Letzteren hängt nun von der Existenz der direkten Qualität des Ganzen in einem früheren Universum ab. Das bedeutet, dass dann, wenn wir sagen, dass etwas *gefühlt* und nicht bedacht wurde, wir in einer neuen Situation, die ihre eigene unmittelbare Qualität hat, den Stoff einer früheren Situation analysieren; wir machen aus *Ärger* das Objekt einer analytischen Überprüfung, ohne verärgert zu sein.

Wenn jemand behauptet, dass ich ein Gefühl, einen Ein- 14 druck oder »eine Ahnung« habe, dass die Dinge so-und-so

nated is primarily the presence of a dominating quality in a situation as a whole, not just the existence of a feeling as a psychical or psychological fact. To say I have a feeling or impression that so and so is the case is to note that the quality in question is not yet resolved into determinate terms and relations; it marks a conclu-[249]sion without statement of the reasons for it, the grounds upon which it rests. It is the first stage in the development of explicit distinctions. All thought in every subject begins with just such an unanalyzed whole. When the subject-matter is reasonably familiar, relevant distinctions speedily offer themselves, and sheer qualitativeness may not remain long enough to be readily recalled. But it often persists and forms a haunting and engrossing problem. It is a commonplace that a problem *stated* is well on its way to solution, for statement of the nature of a problem signifies that the underlying quality is being transformed into determinate distinctions of terms and relations or has become an object of articulate thought. But something presents itself as problematic before there is recognition of *what* the problem is. The problem is had or experienced before it can be stated or set forth; but it is had as an immediate quality of the whole situation. The sense of something problematic, of something perplexing and to be resolved, marks the presence of something pervading all

sind, wird in Wirklichkeit die Präsenz einer dominierenden Qualität in einer Situation oder einem Ganzen und nicht einfach die Existenz eines Gefühls als eines psychischen oder psychologischen Faktums zum Ausdruck gebracht. Zu behaupten, dass ich ein Gefühl oder einen Eindruck hätte, dieses oder jenes sei der Fall, ist gleichbedeutend damit, zu behaupten, dass die fragliche Qualität noch nicht in bestimmte Begriffe und Relationen aufgelöst ist; es bezeichnet eine Schlussfolge-[249]rung, ohne die Gründe für sie oder das Fundament, auf dem sie beruht, anzugeben. Es ist die erste Stufe auf dem Weg, explizite Unterscheidungen anzugeben. Jeder Gedanke zu jedem Thema beginnt mit solch einem unanalysierten Ganzen. Wenn der Stoff angemessen vertraut ist, dann bieten sich rasch vertraute Unterscheidungen an, und bloße Qualitätshaftigkeit mag nicht lange genug erhalten bleiben, um auch leicht erinnert werden zu können. Doch oft besteht sie weiter und ergibt ein quälendes und umfassendes Problem. Es stellt einen Gemeinplatz dar, dass ein bereits umrissenes Problem schon auf gutem Weg zu seiner Lösung ist, denn die Bestimmung der Natur eines Problems ist ein Zeichen dafür, dass die zugrunde liegende Qualität in bestimmte Unterscheidungen von Begriffen und Relationen übertragen worden oder zum Objekt artikulierten Denkens geworden ist. Doch stellt sich etwas als problematisch dar, bevor erkannt worden ist, *worin* das Problem eigentlich besteht. Das Problem hat man oder es wird als solches erfahren, bevor es benannt oder dargelegt werden kann; doch wird es als die unmittelbare Qualität der gesamten Situation erfahren. Das Gefühl, da sei etwas problematisch, verwirrend und müsse aufgelöst werden, bezeichnet die Gegenwart von etwas, das alle Ele-

elements and considerations. Thought is the operation by which it is converted into pertinent and coherent terms.

15 The word "intuition" has many meanings. But in its popular, as distinct from refined philosophic, usage it is closely connected with the single qualitativeness underlying all the details of explicit reasoning. It may be relatively dumb and inarticulate and yet penetrating; unexpressed in definite ideas which form reasons and justifications and yet profoundly right. To my mind, Bergson's contention that intuition precedes conception and goes deeper is correct. Reflection and rational elaboration spring from and make explicit a prior intuition. But there is nothing mystical about this fact, and it does signify that there are two modes of knowledge, one of which is appropriate to one kind of subject-matter, and the other mode to the other kind. Thinking and theorizing about physical matters set out from an intuition, and reflection about affairs of life and mind consists in an ideational and conceptual transformation of what begins as an intuition. Intuition, in short, signifies the realization of a pervasive quality such that it regulates the determination of relevant distinctions or of whatever, whether in the way of terms or relations, becomes the accepted object of thought.

16 While some ejaculations and interjections are merely organic responses, there are those which have an intellectual

mente und Überlegungen durchdringt. Denken ist diejenige Operation, durch die das Gefühl in angemessene und zusammenhängende Begriffe übertragen wird.

Das Wort »Intuition« hat viele Bedeutungen. Doch in sei- 15
nem gewöhnlichen Gebrauch, der sich von dem verfeinerten philosophischen unterscheidet, ist seine Verwendung eng mit jener einen qualitativen Bestimmtheit verbunden, die allen Details des expliziten Nachdenkens zugrunde liegt. Sie mag recht dumpf und unartikuliert sein und ist dennoch durchdringend; sie kann ohne Ausdruck in bestimmten Ideen, die Gründe und Rechtfertigungen darstellen, und dennoch auf eine tiefe Weise richtig sein. Meiner Meinung nach ist Bergsons Behauptung zutreffend, dass Intuition der Begriffsbildung voraus- und tiefer als diese geht. Reflexion und rationale Ausarbeitung entspringen einer vorherigen Intuition und machen diese explizit. Doch findet sich an dieser Tatsache nichts Mystisches, und sie bedeutet nicht, dass es zwei Formen des Wissens geben würde, von denen eine für eine Art von Stoff angemessen ist und die andere Form für die andere Art. Über physikalische Angelegenheiten nachzudenken und Theorien zu bilden, beginnt mit einer Intuition, und die Reflexion über die Angelegenheiten des Lebens und Geistes besteht in einer ideenbezogenen und begrifflichen Übertragung dessen, was als eine Intuition begann. Intuition bedeutet kurzgefasst eine durchdringende Qualität derart zu erfassen, dass sie die Festlegung relevanter Unterscheidungen oder aber all desjenigen steuert, was das akzeptierte Objekt des Denkens wird, sei es nun in der Form von Begriffen oder Relationen.

Während einige Ausrufe und Einwürfe reine organische 16
Reaktionen darstellen, gibt es andere, die eine intellektuel-

import, [250] though only context and the total situation can decide to which class a particular ejaculation belongs. "Alas," "Yes," "No," "Oh" may each of them be the symbol of an integrated attitude toward the quality of a situation as a whole; that it is thoroughly pitiful, acceptable, to be rejected, or is a matter of complete surprise. In this case, they characterize the existent situation and as such have a cognitive import. The exclamation "Good!" may mark a deep apprehension of the quality of a piece of acting on the stage, of a deed performed, or of a picture in its wealth of content. The actual judgment may find better expression in these symbols than in a long-winded disquisition. To many persons there is something artificial and repellent in discoursing about any consummatory event or object. It speaks so completely for itself that words are poor substitutes – not that thought fails, but that thought so completely grasps the dominant quality that translation into explicit terms gives a partial and inadequate result.

17 Such ejaculatory judgments supply perhaps the simplest example of qualitative thought in its purity. While they are primitive, it does not follow that they are always superficial and immature. Sometimes, indeed, they express an infantile mode of intellectual response. But they may also sum up and integrate prolonged previous experience and training, and bring to a unified head the results of severe and

le Bedeutung haben, [250] obwohl nur der Kontext und die Gesamtsituation darüber entscheiden können, zu welcher Klasse ein bestimmter Ausruf zählt. »Ach«, »Ja«, »Nein«, »Oh« können alle das Symbol einer ganzheitlichen Einstellung in Bezug auf die Qualität einer Situation als Ganze sein; dass sie durchgängig mitleiderregend, akzeptabel, abzulehnen oder eine Sache völliger Überraschung ist. In diesem Fall charakterisieren diese Äußerungen die bestehende Situation und haben dementsprechend eine kognitive Bedeutung. Der Ausruf »Gut!« kann eine tiefe Erfassung der Qualität einer schauspielerischen Leistung auf der Bühne, einer ausgeführten Tat oder eines Bildes im Reichtum seines Gehalts charakterisieren. Das eigentliche Urteil kann in diesen Symbolen möglicherweise einen besseren Ausdruck als in einer langen, gewundenen Abhandlung finden. Für viele Menschen ist es künstlich und abstoßend, über irgendein sie erfüllendes Ereignis oder Objekt überhaupt ein Gespräch zu führen. Es spricht so vollständig für sich selbst, dass Wörter nur armseligen Ersatz bieten – nicht etwa deshalb, weil das Denken versagt, sondern weil das Denken die dominierende Qualität so vollständig erfasst, dass die Übersetzung in explizite Begriffe nur ein Teilergebnis bzw. ein inadäquates Ergebnis zeitigt.

Solche Ausruf-Urteile liefern die vielleicht einfachsten 17
Beispiele für qualitatives Denken in seiner reinsten Form. Obwohl sie einfach sind, folgt daraus nicht, dass sie immer oberflächlich und unreif sind. Manchmal drücken sie tatsächlich eine kindliche Form intellektueller Reaktion aus. Doch können sie auch ausgedehnte vorhergehende Erfahrung und Training zusammenfassen und miteinander verflechten und die Resultate ernsthafter und folgerichtiger

consecutive reflection. Only the situation symbolized and not the formal and propositional symbol can decide which is the case. The full content of meaning is best apprehended in case of the judgment of the esthetic expert in the presence of a work of art. But they come at the beginning and at the close of every scientific investigation. These open with the "Oh" of wonder and terminate with the "Good" of a rounded-out and organized situation. Neither the "Oh" nor the "Good" expresses a mere state of personal feeling. Each characterizes a subject-matter. "How beautiful" symbolizes neither a state of feeling nor the supervening of an external essence upon a state of existence but marks the realized appreciation of a pervading quality that is now translated into a system of definite and coherent terms. Language fails not because thought fails, but because no verbal symbols can do justice to the fullness and richness of thought. If we are to continue talking about "data" in any other sense than as reflective distinctions, the original datum is always such a qualitative whole. [251]

18 The logic of artistic construction is worth more than a passing notice, whether its product be a painting, a symphony, a statue, a building, a drama, or a novel. So far as it is not evidence of conceit on the part of a specialized class, refusal to admit thought and logic on the part of those who make these constructions is evidence of the breakdown of

Reflektion auf den Punkt bringen. Nur die symbolisierte Situation und nicht das formale und propositionale Symbol kann entscheiden, was der Fall ist. Der volle Bedeutungsgehalt lässt sich am besten am Fall des Urteils eines ästhetischen Experten gegenüber einem Kunstwerk verstehen. Doch tauchen sie auch am Beginn und am Ende einer jeden wissenschaftlichen Untersuchung auf. Diese beginnen mit dem »Oh« der Verwunderung und enden mit dem »Gut« einer abgerundeten und organisierten Situation. Weder das »Oh« noch das »Gut« bringen lediglich einen persönlichen Gefühlszustand zum Ausdruck. Beide charakterisieren einen Stoff. »Wie schön« symbolisiert weder einen Gefühlszustand noch, dass eine außerhalb stehende Essenz zu einem Wirklichkeitszustand hinzutritt, sondern bezeichnet die vollzogene Anerkennung einer durchgängigen Qualität, die nun in ein System bestimmter und zusammenhängender Begriffe übersetzt wird. Die Sprache versagt nicht, weil das Denken versagt, sondern weil keine verbalen Symbole der Fülle und dem Reichtum des Denkens gerecht werden können. Wenn wir fortfahren wollen, über »Daten« in irgendeinem anderen Sinn als demjenigen reflexiver Unterscheidungen sprechen zu wollen, besteht das ursprüngliche Datum immer in einem solchen qualitativen Ganzem. [251]

Die Logik der künstlerischen Konstruktion verdient mehr 18
als eine Bemerkung im Vorübergehen, unabhängig davon, ob ihr Produkt ein Gemälde, eine Symphonie, eine Statue, ein Gebäude, ein Drama oder ein Roman ist. Soweit sie nicht den Dünkel einer spezialisierten Klasse belegt, stellt die Weigerung, Denken und Logik auf der Seite derer zuzugestehen, die diese Konstruktionen verfertigen, einen

traditional logic. There are (as we previously noted) alleged works of art in which parts do not hang together and in which the quality of one part does not reinforce and expand the quality of every other part. But this fact is itself a manifestation of the defective character of the thought involved in their production. It illustrates by contrast the nature of such works as are genuine intellectual and logical wholes. In the latter, the underlying quality that defines the work, that circumscribes it externally and integrates it internally, controls the thinking of the artist; his logic is the logic of what I have called qualitative thinking.

19 Upon subsequent analysis, we term the properties of a work of art by such names as symmetry, harmony, rhythm, measure, and proportion. These may, in some cases at least, be formulated mathematically. But the apprehension of these formal relationships is not primary for either the artist or the appreciative spectator. The subject-matter formulated by these terms is primarily qualitative, and is apprehended qualitatively. Without an independent qualitative apprehension, the characteristics of a work of art can be translated into explicit harmonies, symmetries, etc., only in a way which substitutes mechanical formulae for esthetic quality. The value of any such translation in esthetic criticism is measured, moreover, by the extent to which the propositional statements return to effect a heightening and

Beweis für den Zusammenbruch der traditionellen Logik dar. Es gibt (wie wir bereits festgestellt haben) angebliche Kunstwerke, bei denen die Teile nicht miteinander zusammenhängen und die Qualität eines Teils nicht die Qualität aller anderen Teile verstärkt und erweitert. Doch ist diese Tatsache selbst der Ausdruck des mangelhaften Charakters des Denkens, das an ihrer Produktion beteiligt war. Durch den Kontrast illustriert sie die Natur derjenigen Werke, die echte intellektuelle und logische Ganzheiten sind. In den Letzteren kontrolliert die zugrunde liegende Qualität, die das Werk definiert, es von außen umschreibt und innerlich zusammenhält, das Denken des Künstlers; seine Logik ist die Logik dessen, was ich qualitatives Denken genannt habe.

Bei einer nachfolgenden Analyse benennen wir die Ei- 19
genschaften eines Kunstwerks mit solchen Begriffen wie Symmetrie, Harmonie, Rhythmus, Maß und Proportion. Diese Eigenschaften können, zumindest in manchen Fällen, auf mathematische Art und Weise formuliert werden. Doch ist das Verständnis dieser formalen Beziehungen weder für den Künstler noch für den wertschätzenden Betrachter vorherrschend. Der Stoff, der mit diesen Begriffen formuliert wird, ist primär qualitativ und wird qualitativ erfasst. Ohne eine unabhängige qualitative Erfassung können die Charakteristika eines Kunstwerks nur auf eine Weise in explizite Harmonien, Symmetrien etc. übersetzt werden, die ästhetische Qualität durch mechanische Formeln ersetzt. Der Wert jeder solchen Übersetzung in der ästhetischen Kritik wird überdies daran gemessen, in welchem Ausmaß die propositionalen Aussagen dazu beitragen, die qualitativen Erfassung zu erhöhen oder zu vertie-

deepening of a qualitative apprehension. Otherwise, esthetic appreciation is replaced by judgment of isolated technique.

The logic of artistic construction and esthetic appreciation is peculiarly significant because they exemplify in accentuated and purified form the control of selection of detail and of mode of relation, or integration, by a qualitative whole. The underlying quality demands certain distinctions, and the degree in which the demand is met confers upon the work of art that necessary or inevitable character which is its mark. Formal necessities, such as can be made explicit, depend upon the material necessity imposed by the pervasive and underlying quality. Artistic thought is not however unique in this respect but only shows an intensifica-[252]tion of a characteristic of all thought. In a looser way, it is a characteristic of all non-technical, non-"scientific" thought. Scientific thought is, in its turn, a specialized form of art, with its own qualitative control. The more formal and mathematical science becomes, the more it is controlled by sensitiveness to a special kind of qualitative considerations. Failure to realize the qualitative and artistic nature of formal scientific construction is due to two causes. One is conventional, the habit of associating art and esthetic appreciation with a few popularly recognized forms. The other cause is the fact that a student is so concerned with the mastery of symbolic or propositional forms that he fails to

fen. Andernfalls würde die ästhetische Erfassung durch ein Urteil über die isolierte Technik ersetzt.

Die Logik der künstlerischen Konstruktion und der ästhetischen Würdigung ist besonders bedeutsam, weil diese beiden in einer betonten und gereinigten Form ein Beispiel geben für die Kontrolle der Auswahl der Details und die Weise der Beziehung oder Integration durch ein qualitatives Ganzes. Die zugrunde liegende Qualität verlangt nach bestimmten Unterscheidungen, und das Ausmaß, indem dieser Bedarf erfüllt wird, überträgt auf das Kunstwerk den notwendigen oder zwingenden Charakter, der sein Erkennungsmerkmal ist. Formale Notwendigkeiten, wie sie explizit gemacht werden können, hängen von der materialen Notwendigkeit ab, die von der durchdringenden und unterliegenden Qualität auferlegt wird. Künstlerisches Denken ist in dieser Hinsicht nichts Einzigartiges, an ihm zeigt sich nur eine Intensivier-[252]ung dessen, was alles Denken charakterisiert. In loserer Form ist dies ein Charakteristikum alles nichttechnischen, nicht-»wissenschaftlichen« Denkens. Wissenschaftliches Denken ist, umgekehrt, eine spezialisierte Form von Kunst mit seiner eigenen qualitativen Kontrolle. Je formaler und mathematischer die Wissenschaft wird, desto mehr wird sie von der Empfänglichkeit für eine spezielle Art qualitativer Erwägungen geprägt. Wenn die qualitative und künstlerische Natur der formalen wissenschaftlichen Konstruktion nicht erkannt wird, dann hat dies zwei Gründe. Ein Grund ist konventioneller Natur, die Gewohnheit, Kunst und ästhetische Würdigung mit einigen wenigen populär anerkannten Formen zu verbinden. Der andere Grund liegt in der Tatsache, dass ein Student sich derartig mit der Beherrschung symbolischer oder pro-

recognize and to repeat the creative operations involved in their construction. Or, when they are mastered, he is more concerned with their further application than with realization of their intrinsic intellectual meaning.

21 The foregoing remarks are intended to suggest the significance to be attached to the term "qualitative thought." But as statements they are propositions and hence symbolic. Their meaning can be apprehended only by going beyond them, by using them as clues to call up qualitative situations. When an experience of the latter is had and they are re-lived, the realities corresponding to the propositions laid down may be had. Assuming that such a realization has been experienced, we proceed to consider some further questions upon which qualitative thought throws light.

22 First as to the nature of the predication. The difficulties connected with the problem of predication are of long standing. They were recognized in Greek thought, and the scepticism they induced was a factor in developing the Platonic theory of the same-and-the-other and the Aristotelian conception of potentiality-and-actuality. The sceptical difficulty may be summed up in the statement that predication is either tautological and so meaningless, or else falsifying or at least arbitrary. Take the proposition "that thing is sweet." If "sweet" already qualifies the meaning of "that

positionaler Formen befasst, dass es ihm nicht gelingt, die kreativen Operationen zu erkennen und zu wiederholen, die in ihrer Konstruktion enthalten sind. Oder er ist dann, wenn sie beherrscht werden, mehr mit ihrer weiteren Anwendung als damit beschäftigt, ihre innere intellektuelle Bedeutung zu erkennen.

Diese Bemerkungen sind dazu gedacht, die Bedeutung 21
herauszustellen, die mit dem Begriff »qualitatives Denken« verbunden sein sollte. Doch sind sie als Feststellungen Aussagen und deshalb symbolisch. Ihre Bedeutung kann nur verstanden werden, indem man über sie hinaus geht, sie als Hinweise nutzt, um qualitative Situationen hervorzurufen. Wenn solche Erfahrungen gemacht worden sind und sie wieder durchlebt werden, können auch die Realitäten wieder erfahren werden, die den getroffenen Aussagen entsprechen. Von der Annahme ausgehend, dass eine solche Realisierung erfahren worden ist, fahren wir fort, um einige weitere Fragen zu untersuchen, auf die das qualitative Denken ein Licht werfen kann.

Zunächst über die Natur der Prädikation. Die Schwierig- 22
keiten, die mit dem Problem der Prädikation verbunden sind, bestehen schon lange. Sie wurden im griechischen Denken erkannt, und der Skeptizismus, den sie hervorgerufen haben, bildete einen Faktor in der Entwicklung der platonischen Theorie vom Selben und Anderen und der aristotelischen Konzeption von Potentialität und Aktualität. Die skeptische Schwierigkeit kann durch die Aussage zusammengefasst werden, dass Prädikation entweder tautologisch und deshalb bedeutungslos oder aber falsifizierend oder zumindest willkürlich ist. Man nehme die Aussage »Dieses Ding ist süß«. Wenn »süß« bereits die Bedeutung

thing", the predication is analytic in the Kantian sense, or forms a trivial proposition in the sense of Locke. But if "sweet" does not already qualify "that thing" what ground is there for tacking it on? The most that can be said is that some one who did not know before that it was sweet has now learned it. But such a statement refers only to an episode in the some one's intellectual biography. It has no logical force; it does not [253] touch the question of predication that has objective reference and possible validity.

23 When, however, it is recognized that predication – any proposition having subject-predicate form – marks an attempt to make a qualitative whole which is directly and non-reflectively experienced into an object of thought for the sake of its own development, the case stands otherwise. What is "given" is not an object by itself nor a term having a meaning of its own. The "given," that is to say the existent, is precisely an undetermined and dominant complex quality. "Subject" and "predicate" are correlative determinations of this quality. The "copula" stands for the fact that one term is predicated of the other, and is thus a sign of the development of the qualitative whole by means of their distinction. It is, so to speak, the assertion of the fact that the distinctions designated in subject and predicate are correlative and work together in a common function of determination.

24 A certain quality is experienced. When it is inquired into or thought (judged), it differentiates into "that thing" on

von »dieses Ding« qualifiziert, ist die Prädikation analytisch im Kantischen Sinn oder bildet eine triviale Proposition im Sinne von Locke. Wenn »süß« nicht bereits »dieses Ding« qualifiziert: Welchen Grund gibt es dann, es ihm anzuheften? Das Äußerste, was gesagt werden kann, bestünde darin, dass jemand, der vorher nicht wusste, dass es süß ist, es nun gelernt hat. Doch bezieht sich eine solche Feststellung lediglich auf eine Episode in der intellektuellen Biographie dieser Person. Sie hat keine logische Kraft; Sie berührt [253] die Frage der Prädikation mit objektivem Bezug und möglicher Geltung gar nicht.

Doch sieht der Fall ganz anders aus, wenn eingeräumt 23
wird, dass die Prädikation – also jede Aussage mit der Form Subjekt-Prädikat – einen Versuch darstellt, ein qualitatives Ganzes, das direkt und nichtreflexiv erfahren wird, um dessen eigener Entwicklung willen in ein Objekt des Denkens zu verwandeln. Was »gegeben« ist, ist weder ein Objekt in sich noch ein Begriff mit einer eigenständigen Bedeutung. Das »Gegebene«, will sagen: das Existierende, ist genau eine nichtdeterminierte und dominante komplexe Qualität. »Subjekt« und »Prädikat« sind korrelative Determinanten dieser Qualität. Die »Kopula« steht für die Tatsache, dass ein Begriff vom anderen ausgesagt wird, und ist deshalb ein Zeichen der Entwicklung des qualitativen Ganzen mittels ihrer Unterscheidung. Sie ist, sozusagen, die Geltendmachung des Faktums, dass die in Subjekt und Prädikat bezeichneten Unterscheidungen korrelativ sind und in der gemeinsamen Funktion der Bestimmung miteinander zusammenarbeiten.

Eine bestimmte Qualität wird erfahren. Wird sie unter- 24
sucht oder bedacht (beurteilt), differenziert sie sich in »die-

the one hand, and "sweet" on the other. Both "that thing" and "sweet" are analytic of the quality, but are additive, synthetic, ampliative, with respect to each other. The copula "is" marks just the effect of this distinction upon the correlative terms. They mark something like a division of labor, and the copula marks the function or work done by the structures that exhibit the division of labor. To say that "that thing is sweet" means "that thing" will *sweeten* some other object, say coffee, or a batter of milk and eggs. The intent of sweetening something formed the ground for converting a dumb quality into an articulate object of thought.

25 The logical force of the copula is always that of an active verb. It is merely a linguistic peculiarity, not a logical fact, that we say "that is red" instead of "that reddens," either in the sense of growing, becoming red, or in the sense of making something else red. Even linguistically our "is" is a weakened form of an active verb signifying "stays" or "stands." But the nature of any act (designated by the true verbal form) is best apprehended in its effect and issue; we say "is sweet" rather than "sweetens," "is red" rather than "reddens" because we define the active change by its anticipated or attained outcome. To say "the dog is ugly" is a way of setting forth what he is likely to *do*, namely to snarl and bite. "Man is mortal" indicates what man does or what ac-

ses Ding« auf der einen Seite und »süß« auf der anderen. Sowohl »dieses Ding« als auch »süß« sind analytisch hinsichtlich der Qualität, aber hinzukommend, synthetisch, verstärkend in Bezug aufeinander. Die Kopula »ist« bezeichnet genau den Effekt dieser Unterscheidung auf die korrelativen Begriffe. Diese bezeichnen etwas wie eine Arbeitsteilung, und die Kopula bezeichnet die Funktion oder die Arbeit, die von den Strukturen geleistet wird, die diese Arbeitsteilung herausstellen. Zu sagen, dass »Dieses Ding ist süß« bedeutet, »dieses Ding« wird ein anderes Objekt *süßen*, etwa Kaffee oder einen Teig aus Milch und Eiern. Die Absicht, etwas zu süßen, hat den Grund gebildet, eine dumpfe Qualität in ein artikuliertes Objekt des Denkens umzuformen.

Die logische Kraft der Kopula ist immer die Kraft eines 25
aktiven Verbs. Es handelt sich nur um eine linguistische Eigentümlichkeit, nicht um ein logisches Faktum, dass wir sagen »Dies ist rot« statt »Dies rötet«, entweder in der Bedeutung von rot zu werden oder in der Bedeutung von etwas anderes rot zu machen. Selbst linguistisch gesehen stellt unser »ist« die abgeschwächte Form eines aktiven Verbs dar, das »bleibt« oder »steht« bedeutet. Doch wird die Natur eines jeden Aktes (wie sie von der wahren, verbalen Form bezeichnet wird) am besten in seinem Resultat und Ergebnis aufgefasst; wir sagen eher »ist süß« als »macht süß«, »ist rot« eher als »rötet«, weil wir die aktive Veränderung durch ihr vorweggenommenes oder erreichtes Ergebnis definieren. Wenn wir sagen »Der Hund ist hässlich«, dann ist das eine Weise, darzutun, was er wahrscheinlich *tun* wird, nämlich zu knurren und zu beißen. »Der Mensch ist sterblich« zeigt an, was der Mensch tut oder was ihm ak-

tively [254] is done to him, calling attention to a consequence. If we convert its verbal form into "men die," we realize the transitive and additive force of predication and escape the self-made difficulties of the attributive theory.

26 The underlying pervasive quality in the last instance, when it is put in words, involves care or concern for human destiny. But we must remember that this exists as a dumb quality until it is symbolized in an intellectual and propositional form. Out of this quality there emerges the idea of man and of mortality and of their existential connection with each other. No one of them has any meaning apart from the others, neither the distinctions, the terms, nor their relation, the predication. All the difficulties that attend the problem of predication spring from supposing that we can take the terms and their connection as having meaning by themselves. The sole alternative to this supposition is the recognition that the object of thought, designated propositionally, is a quality that is first directly and unreflectively experienced or had.

27 One source of the difficulty and the error in the classic theory lies in a radical misconception of the treacherous idea of the "given." The only thing that is unqualifiedly given is the total pervasive quality; and the objection to calling it "given" is that the word suggests something *to* which it is

tiv [254] angetan wird, indem die Aufmerksamkeit auf eine Konsequenz gerichtet wird. Wenn wir seine verbale Form in »Menschen sterben« umwandeln, dann realisieren wir die transitive und hinzufügende Kraft der Prädikation und entkommen den selbstgemachten Schwierigkeiten der attributiven Theorie.

Die zugrunde liegende, durchdringende Qualität schließt 26
im letzten Fall, wenn sie in Worte gefasst wird, Sorge um oder Interesse am menschlichen Schicksal ein. Doch müssen wir uns daran erinnern, dass dies als eine dumpfe Qualität existiert, bis es in einer intellektuellen und propositionalen Form symbolisiert wird. Aus dieser Qualität heraus entsteht die Idee des Menschen und der Sterblichkeit und der existentiellen Verbindung von ihnen miteinander. Keines von diesen [Beispielen] hat irgendeine Bedeutung unabhängig von den anderen, weder die Unterscheidungen, die Begriffe, noch ihre Beziehung, die Prädikation. All die Schwierigkeiten, die das Problem der Prädikation betreffen, entspringen der Unterstellung, dass wir die Begriffe und ihre Verbindung so verstehen können, dass sie eine Bedeutung in sich selbst haben. Die einzige Alternative zu dieser Unterstellung besteht darin anzuerkennen, dass das Objekt des Denkens, propositional bezeichnet, in einer Qualität besteht, die zuerst direkt und unreflektiert erfahren oder gehabt wird.

Eine Quelle für die Schwierigkeit und den Fehler in der 27
klassischen Theorie liegt in einer radikalen Fehlkonzeption der trügerischen Idee des »gegeben«. Die einzige uneingeschränkt gegebene Sache ist die totale durchgängige Qualität; und der Einwand dagegen, sie »gegeben« zu nennen, besteht darin, dass das Wort etwas nahelegt, *dem* es

given, mind or thought or consciousness or whatever, as well possibly as something that gives. In truth "given" in this connection signifies only that the quality immediately exists, or is brutely there. In this capacity, it forms that to which all objects of thought refer, although, as we have noticed, it is never part of the manifest subject-matter of thought. In itself, it is the big, buzzing, blooming confusion of which James wrote. This expresses not only the state of a baby's experiences but the first stage and background of all thinking on any subject. There is, however, no inarticulate quality which is merely buzzing and blooming. It buzzes to some effect; it blooms toward some fruitage. That is, the quality, although dumb, has as a part of its complex quality a movement or transition in some direction. It can, therefore, be intellectually symbolized and converted into an object of thought. This is done by statement of limits and of direction of transition between them. "That" and "sweet" define the limits of the moving quality, the copula "tastes" (the real force of "is") defines the direction of movement between these limits. Putting the nature of the two limits briefly [255] and without any attempt to justify the statement here, the subject represents the pervasive quality as means or condition and the predicate it as outcome or end.

gegeben ist – dem Geist oder dem Denken oder dem Bewusstsein oder was auch immer, und auch möglicherweise etwas, das gibt. In Wahrheit bedeutet »gegeben« in diesem Zusammenhang nur, dass die Qualität unmittelbar existiert oder in roher Form da ist. In dieser Eigenschaft formt sie dasjenige, auf das sich alle Objekte des Denkens beziehen, obwohl sie, wie wir bereits bemerkt haben, niemals Teil des manifesten Stoffs des Denkens ist. Für sich genommen ist sie die große, summende, blühende Verwirrung, von der William James schrieb. Dies drückt nicht nur den Status der Erfahrung eines Babys aus, sondern das erste Stadium und den Hintergrund allen Denkens über jeden beliebigen Gegenstand. Es gibt jedoch keine unartikulierte Qualität, die einfach summt und blüht. Sie summt auf eine bestimmte Wirkung, sie blüht auf eine bestimmte Frucht hin. Das bedeutet, dass die Qualität, obwohl sie dumpf ist, als einen Teil ihrer komplexen Qualität eine Bewegung oder einen Übergang in eine bestimmte Richtung enthält. Aus diesem Grund kann sie intellektuell symbolisiert und in ein Objekt des Denkens umgewandelt werden. Dies geschieht dadurch, dass die Grenzen und die Richtung von Übergängen zwischen ihnen formuliert werden. »Das« und »süß« definieren die Grenzen der sich bewegenden Qualität, die Kopula »schmeckt« (die wirkliche Kraft des »ist«) definiert die Richtung der Bewegung zwischen diesen Grenzen. Knapp und ohne jeden Versuch, diese Behauptung hier zu rechtfertigen, formuliert, besteht die Natur dieser zwei Grenzen [255] darin, dass das Subjekt die durchgängige Qualität als Mittel oder Bedingung und das Prädikat als Resultat oder Ende repräsentiert.

28 These considerations define not only the subject-predicate structure of categorical propositions but they explain why the selective character of all such propositions with respect to the fullness of existence is not falsifying in character. Idealistic logicians, in calling attention to the partial or selective character of particular judgments, have used the fact to cast logical aspersion upon them, and to infer their need of correction first by transformation into conditional propositions and then finally into a judgment coextensive with the whole universe, arguing that only the latter can be truly true. But enough is always enough, and the underlying quality is itself the test of the "enough" for any particular case. All that is needed is to determine this quality by indicating the limits between which it moves and the direction or tendency of its movement. Sometimes the situation is simple and the most meagre indications serve, like the "safe" or "out" of a baseball umpire. At other times, a quality is complex and prolonged, and a multitude of distinctions and subordinate relations are required for its determinate statement. It would have been logically vicious on one occasion to propound more than "my kingdom for a horse," while under other circumstances it may need a volume to set forth the quality of the situation so as to make it comprehensible. Any proposition that serves the purpose for which it is made is logically adequate; the idea that it is inadequate until the whole universe has been included is a

Diese Überlegungen definieren nicht nur die Subjekt- 28
Prädikat-Struktur kategorischer Aussagen, sondern sie erklären auch, warum der selektive Charakter all solcher Aussagen hinsichtlich der Fülle des Existierenden diese nicht falsifiziert. Idealistische Logiker haben, indem sie die Aufmerksamkeit auf den partiellen oder selektiven Charakter partikularer Urteile lenkten, dieses Faktum genutzt, um sie logisch zu verleumden und darauf zu schließen, dass sie korrekturbedürftig sind, zunächst indem man sie in konditionale Aussagen und schlussendlich in ein Urteil überträgt, das ausdehnungsgleich mit dem ganzen Universum ist, indem sie behaupten, dass nur Letzteres wirklich wahr sein kann. Doch genug ist immer genug, und die unterliegende Qualität ist in jedem speziellen Fall selbst der Test für das »genug«. Alles, was dazu erforderlich ist, besteht darin, diese Qualität zu bestimmen, indem man die Grenzen, zwischen denen sie sich bewegt, sowie die Richtung oder Tendenz ihrer Bewegung anzeigt. Manchmal ist die Situation einfach und die knappsten Anzeigen genügen, wie das »Sicher« oder »Aus« eines Schiedsrichters beim Baseball. Bei anderen Gelegenheiten ist die Qualität komplex und ausgedehnt, und eine Vielfalt von Unterscheidungen sowie untergeordneten Relationen ist für ihre Bestimmung erforderlich. Es wäre logisch fehlerhaft gewesen, bei einer bestimmten Gelegenheit mehr zu sagen als »Ein Königreich für mein Pferd«, während unter anderen Umständen ein ganzes Buch nötig sein mag, um die Situationsqualität derart zu bestimmen, dass sie verständlich wird. Jede Aussage, die dem Zweck dient, für den sie gemacht wurde, ist logisch angemessen; die Idee, dass sie unangemessen bleibt, bis das gesamte Universum eingeschlossen ist, resultiert daraus, dem

consequence of giving judgment a wrong office — an error that has its source in failure to see the domination of every instance of thought by a qualitative whole needing statement in order that it may function.

29 At this point a reference to what is termed association of ideas is in place. For while the subject is usually treated as psychological in nature, thinking as an existential process takes place through association; existentially, thinking *is* association as far as the latter is controlled. And the mechanics of thinking can hardly be totally irrelevant to its *logical* structure and function. I shall assume without much argument that "ideas" here signify objects, not psychical entities; objects, that is to say, as meanings to which reference may be made. When one, seeing smoke, thinks [256] of fire he is associating objects, not just states in his own mind. And so, when thinking of a hand, one thinks of grasping or of an organism. Thus, when association takes the form of thought, or is controlled and not loose day-dreaming, association is a name for a connection of objects or their elements in the total situation having a qualitative unity. This statement signifies something different than does a statement that associated objects are physical parts of a physical whole. It happens to hold in the case of "hand-organism" and with some qualification in the case of "smoke-fire." But a philosophical student might be led by the thought of hand to the thought of Aristotle on the ground of a remark made by Aristotle.

Urteil eine falsche Aufgabe zuzuweisen – ein Fehler, der seinen Grund darin hat, dass nicht gesehen wird, wie jeder Fall des Denkens von einem qualitativen Ganzen beherrscht wird, das der Formulierung bedarf, um zu funktionieren.

An diesem Punkt ist ein Hinweis darauf am Platz, was 29
die Assoziation von Ideen genannt wird. Während das Subjekt üblicherweise als etwas seiner Natur nach Psychisches behandelt wird, vollzieht sich Denken als ein realer Prozess durch Assoziation. Tatsächlich *ist* Denken Assoziation, so lange diese kontrolliert stattfindet. Und die Mechanik des Denkens kann wohl kaum völlig irrelevant für seine *logische* Struktur und Funktion sein. Ich werde hier, ohne viel herum zu argumentieren, annehmen, dass »Ideen« Objekte bezeichnen, keine psychischen Entitäten; Objekte demnach, auf die Bezug genommen werden kann. Wenn jemand, der Rauch sieht, an Feuer denkt [256], assoziiert er Objekte, nicht einfach Zustände seines eigenen Geistes miteinander. Ebenso denkt man, wenn man an eine Hand denkt, an das Zugreifen oder an einen Organismus. Daher gilt, dass Assoziation, wenn sie die Form des Denkens und nicht die Form lockeren Tag-Träumens annimmt, ein Begriff für die Verbindung von Objekten oder ihrer Elemente innerhalb der totalen Situation ist, die eine qualitative Einheit aufweist. Diese Aussage bezeichnet etwas anderes als die Aussage, assoziierte Objekte seien die physischen Teile eines physischen Ganzen. Zufällig trifft das im Fall von »Hand-Organismus« und mit einigen Einschränkungen auf den Fall von »Rauch-Feuer« zu. Doch ein Student der Philosophie könnte vom Gedanken an eine Hand zu einem Gedanken an Aristoteles geleitet werden, aufgrund einer Bemerkung, die Aristoteles gemacht hat.

30 In any case an original contiguity (or similarity) is not the *cause* of an association. We do not associate *by* contiguity, for recognition of a whole in which elements are juxtaposed in space or in temporal sequence is the *result* of suggestion. The absurdity of the preposition "by" when applied to similarity is still more obvious. It is the reason why some writers reduce similarity to identity in differences, a position that will be examined later. That by which association is effected, by which suggestion and evocation of a distinct object of thought is brought about, is some acquired modification of the organism, usually designated habit. The conditioning mechanism may not be known at present in detail, but it cannot be an original contiguity because that contiguity is apprehended only in consequence of association. It may well be an organic attitude formed in consequence of a responsive act to things once coexistent or sequential. But this act was unitary; reference to it only accentuates the fact that the quality attending it was spread over and inclusive of the two things in question. That is, it was a response to a *situation* within which objects were related in space or time.

31 Given the conditions, the real problem is to say why objects once conjoined in a whole are now distinguished as two objects, one that which suggests, and the other that which is suggested. If I think of a chiffonier, the thought

In jedem Fall macht eine ursprüngliche Kontiguität (oder 30 eine Ähnlichkeit) nicht den *Grund* für eine Assoziation aus. Wir assoziieren nicht *durch* Kontiguität, denn die Erkenntnis eines Ganzen, dessen Elemente in räumlicher oder zeitlicher Folge nebeneinanderstehen, ist das *Ergebnis* einer Suggestion. Die Absurdität der Präposition »durch« wird noch offensichtlicher, wenn sie auf Ähnlichkeit angewendet wird. Das ist der Grund, warum einige Autoren Ähnlichkeit auf Identität in Unterschieden reduzieren, eine Position, die später noch untersucht werden wird. Dasjenige, von dem die Assoziation bewirkt wird, wodurch die Suggestion und die Hervorrufung eines distinkten Denkobjekts entsteht, ist eine erworbene Veränderung des Organismus, die üblicherweise Gewohnheit genannt wird. Der konditionierende Mechanismus mag im Moment nicht im Detail bekannt sein, es kann sich jedoch nicht um eine ursprüngliche unmittelbare Nachbarschaft oder Kontiguität handeln, weil diese Kontiguität nur als Konsequenz einer Assoziation erfasst wird. Er kann sehr wohl eine organische Haltung sein, die sich als Folge einer Reaktionshandlung auf Dinge formiert hat, die einmal koexistierten oder aufeinander folgten. Doch war diese Handlung einheitlich; der Bezug zu ihr betont nur die Tatsache, dass die Qualität, die ihr zukam, über die beiden fraglichen Dinge verteilt war und sie einschloss: Sie war eine Reaktion auf eine *Situation*, in der die Dinge in Raum und Zeit miteinander verbunden waren.

Unter diesen Bedingungen besteht das wirkliche Prob- 31 lem darin, zu sagen, warum Objekte, die einst in einem Ganzen verbunden waren, nun als zwei Objekte voneinander unterschieden werden, nämlich in ein Objekt, das nahelegt, und ein anderes, das nahegelegt wird. Wenn ich an

does not call up that of drawers as a distinct idea. For the drawers are a part of the object thought of. So when I originally saw, say a bird-in-a-nest, I saw a single total object. Why then does the sight or thought of a bird now call up that of a nest as a distinct idea? In general, the reason is that I have so often seen birds without seeing a nest and [257] nests without birds. Moreover, it must be remembered that a person often sees a bird or nest, and instead of thinking of any other object, he reacts to it directly, as a man does when shooting at a bird or a boy climbing a tree to get the nest. While there is no association without habit, the natural tendency of habit is to produce an immediate reaction, not to evoke another distinct object of thought or idea. As the *dis*association of birds and nests in experience shows, this additional factor is some resistance to the attitude formed by the sight of nest-with-a-bird-in-it. Otherwise we should have the case over again of chiffonier and its drawers, or any object and its constitutive parts. Without the resistant or negative factor, there would be no tension to effect the change from a direct response, an immediate act, to an indirect one, a distinct object of thought.

32 Not only then is there no association *by* contiguity, but association is not *of* two objects separated yet contiguous in

eine Kommode denke, ruft dieser Gedanke nicht den Gedanken von Schubladen als eine distinkte Idee hervor. Denn die Schubladen sind ein Teil des Objekts, an das gedacht wird. Auch wenn ich ursprünglich etwa einen Vogel-in-einem-Nest sah, sah ich ein einzelnes, vollständiges Objekt. Warum ruft dann der Anblick oder Gedanke an einen Vogel jetzt denjenigen eines Nestes als eine distinkte Idee hervor? Im Allgemeinen besteht der Grund darin, dass ich so oft Vögel, ohne ein Nest zu sehen, und [257] Nester ohne Vögel gesehen habe. Darüber hinaus muss daran erinnert werden, dass eine Person oft einen Vogel oder ein Nest sieht, und sie, anstatt an irgendein anderes Objekt zu denken, direkt auf sie reagiert, wie es der Mann tut, der einen Vogel schießt, oder der Junge, der einen Baum erklettert, um an das Nest heranzukommen. Während es keine Assoziation ohne Gewohnheit gibt, wohnt jeder Gewohnheit die natürliche Tendenz inne, eine unmittelbare Reaktion, nicht aber ein anderes distinktes Objekt des Denkens oder eine Idee hervorzurufen. Wie die *Dis*assoziation von Vögeln und Nestern in der Erfahrung zeigt, stellt dieser zusätzliche Faktor eine Art Widerstand gegen die Einstellung dar, die vom Anblick eines Nest-mit-einem-Vogel geformt wird. Andernfalls hätten wir wiederum den Fall der Kommode und ihrer Schubladen, oder eines jeden Objekts und seiner konstitutiven Teile. Ohne den widerstehenden oder negativen Faktor würde es keine Spannung geben, die den Wechsel von einer direkten Reaktion, einer unmittelbaren Handlung, zu einer indirekten, einem distinkten Objekt des Denkens verursachen würde.

Es gibt also nicht nur keine Assoziation *durch* Kontigui- 32
tät, sondern Assoziation bezieht sich auch nicht *auf* zwei

a prior experience. Its characteristic nature is that it presents as distinct but connected objects what originally were either two parts of one situational object, or (in the case that a man had previously always seen birds and nests separately from each other) that it presents in coexistence or sequence with one another objects previously separated in space and time. This consideration is fatal to the notion that the associated objects account by themselves or in their own isolated nature for association. It indicates that coexistence or sequence as a physical existential fact is not the ground of association. What alternative remains save that the quality of a situation as a whole operates to produce a functional connection? Acceptance of this alternative implies that association is an *intellectual* connection, thus aligning association with thought, as we shall now see.

33 There is nothing intellectual or logical in contiguity, in mere juxtaposition in space and time. If association were, then, either *of* or *by* contiguity, association would not have any logical force, any connection with thought.[2] But in fact association of bare contiguities is a myth. There is an indef-

2. The assumption that in the case of contiguity association is of a merely de facto or existential nature is the root of Lotze's (and others') theory that a priori logical forms are necessary in order to change juxtaposition of things into coherence of meaning.

Objekte, die in einer früheren Erfahrung voneinander unterschieden, nun aber zusammenhängend sind. Ihre charakteristische Struktur besteht darin, dass sie als voneinander unterschiedene, aber nun miteinander verbundene Objekte präsentiert, was ursprünglich entweder zwei Teile eines situativen Objektes waren, oder (in dem Fall, dass ein Mann vorher immer Vögel und Nester getrennt voneinander gesehen hat), dass sie Objekte, die vorher in Zeit und Raum getrennt waren, als in Koexistenz oder Abfolge miteinander präsentiert. Diese Überlegung ist für die Vorstellung fatal, dass die assoziierten Objekte für sich selbst oder in ihrer eigenen isolierten Natur die Assoziation erklären können. Sie zeigt, dass Koexistenz oder Abfolge als physische reale Tatsache nicht der Grund der Assoziation ist. Welche Alternative bleibt dann also übrig, als zu sagen, dass die Qualität einer Situation als Ganze bei der Produktion einer funktionalen Verbindung wirksam ist? Diese Alternative zu akzeptieren, schließt ein, dass Assoziation eine *intellektuelle* Verbindung darstellt, wodurch sie mit dem Denken verbunden wird, wie wir jetzt sehen werden.

In Kontiguität, im reinen Nebeneinander in Raum und 33
Zeit, steckt nichts Intellektuelles oder Logisches. Wenn die Assoziation also entweder von oder durch Kontiguität wäre, hätte Assoziation keinerlei logische Kraft, keine Verbindung mit dem Denken.[2] Doch ist die Assoziation reiner Kontiguitäten tatsächlich ein Mythos. Es gibt eine unbe-

2 Die Annahme, dass im Fall der Kontiguität Assoziation nur eine *de facto* oder existenzbezogene Natur hat, ist die Wurzel der Theorie Lotzes (und anderer), dass logische *a priori*-Formen notwendig sind, um das Nebeneinander der Dinge in eine Kohärenz der Bedeutung zu verwandeln.

inite number of particulars contiguous to one another in space and time. When I think [258] of a nest why does a bird come into my mind? As a matter of contiguity, there are multitudinous leaves and twigs which are more frequently and more obviously juxtaposed than is a bird. When I think of a hammer, why is the idea of nail so likely to follow? Such questions suggest, I hope, that even in seemingly casual cases of association, there is an underlying quality which operates to control the connection of objects thought of. It takes something else than contiguity to effect association; there must be relevancy of both ideas to a situation defined by unity of quality. There is coherence of some sort because of mutual pertinency of both ideas (or of all ideas in train) to a basis beyond any of them and beyond mere juxtaposition of objects in space and time.

34 The usual notion that association is merely *de facto* receives a still more obvious shock in the case of similarity. When I associate bird with nest, there may have been at least some previous conjunction in experience of the two objects, even though that conjunction is not by itself a sufficient condition of the later association. But when troublesome thought suggests the sting of an insect, or when change of fortune suggests the ebb and flow of the sea, there is *no* physical conjunction in the past to which appeal

grenzte Zahl von Einzeldingen, die in Raum und Zeit einander benachbart sind. Angenommen, dass ich an ein Nest denke: [258] Warum kommt mir dann ein Vogel in den Sinn? In Bezug auf Kontiguität gibt es verschiedenste Blätter und Zweige, die häufiger und offensichtlicher mit ihm zusammen auftauchen als ein Vogel. Angenommen, dass ich an einen Hammer denke: Warum ist es dann so wahrscheinlich, dass dem die Idee eines Nagels folgt? Ich hoffe, solche Fragen legen nahe, dass selbst in anscheinend beiläufigen Fällen der Assoziation eine zugrunde liegende Qualität existiert, die wirksam ist, die Verbindung der Objekte, an die gedacht wird, zu kontrollieren. Es braucht etwas anderes als Kontiguität, um Assoziation zu bewirken; es muss eine Relevanz beider Ideen in Bezug auf eine Situation bestehen, die durch Einheit der Qualität bestimmt ist. Es besteht eine bestimmte Art von Kohärenz aufgrund einer wechselseitigen Relevanz beider Ideen (oder aller Ideen in einer Reihe) für eine Basis, die jenseits jeder von ihr und jenseits einer bloßen Nebeneinanderstellung von Objekten in Zeit und Raum besteht.

Der üblichen Feststellung, dass Assoziation lediglich *de* 34
facto bestehe, wird im Fall der Ähnlichkeit ein noch offensichtlicherer Schock versetzt. Wenn ich Vogel und Nest assoziiere, mag es in der Erfahrung zumindest eine gewisse frühere Verbindung der beiden Objekte miteinander gegeben haben, wenngleich diese Verbindung in sich selbst keine hinreichende Bedingung für die spätere Assoziation darstellt. Wenn aber ein sorgenvoller Gedanke an den Stich eines Insekts oder wenn ein Schicksalswechsel an Ebbe und Flut des Meeres denken lässt, dann besteht *keine* physische Verbindung in der Vergangenheit, an die man appellieren

can be made. To try to explain the matter by saying that two objects are associated *because* they are similar is either to offer the problem as a solution or to attribute causal efficacy to "similarity" – which is to utter meaningless words. So-called association "by" similarity is a striking example of the influence of an underlying pervasive quality in determining the connection essential in thought.

35 There is, as far as I am aware, but one serious attempt to explain such association on some other basis. This is found in the view that there is in what is called similarity an actual existential identity among differences and that this identity works and then reinstates differences by contiguity. I fail to see how the explanation applies in many cases – such as that of the troublesome thought and the sting of an insect, or Socrates and a gadfly. "Identity" seems to be the result rather than the antecedent of the association. But I shall confine the discussion to instances in which it is claimed to work. Bradley has stated the theory in question most clearly and I shall use his illustration.[3] [259]

36 Walking on the shore of England, one sees a promontory and remarks how like it is to one in Wales. Bradley's explanation is that there is an actual identity of form in both and that this identical form suggests by contiguity in space cer-

3. Logic, Vol. I, Book II, Part 2, Ch. I, Sec. 30.

kann. Die Sache dadurch erklären zu wollen, indem man behauptet, dass zwei Objekte deshalb miteinander assoziiert werden, *weil* sie ähnlich sind, bedeutet entweder, das Problem als Lösung anzubieten oder der »Ähnlichkeit« kausale Wirksamkeit zuzusprechen – und das würde bedeuten, bedeutungslose Worte zu äußern. Sogenannte Assoziation »durch« Ähnlichkeit ist ein schlagendes Beispiel für den Einfluss, der einer zugrunde liegenden durchgängigen Qualität bei der Festlegung der Verbindung zukommt, die für das Denken wesentlich ist.

Es gibt, soviel mir bekannt ist, nur einen ernsthaften 35
Versuch, diese Assoziation auf einer anderen Grundlage zu erklären. Er besteht in der Ansicht, dass in dem, was Ähnlichkeit genannt wird, eine wirkliche reale Identität zwischen Unterschieden vorliegt und dass diese Identität wirksam ist und Unterschiede durch Kontiguität wiederherstellt. Es gelingt mir in vielen Fällen nicht, zu sehen, wie sich diese Erklärung anwenden lässt – so etwa im Falle des sorgenvollen Denkens und dem Stich eines Insekts oder von Sokrates und einer Stechfliege. »Identität« scheint eher das Resultat als das Vorhergehende oder Antezedenz der Assoziation zu sein. Doch werde ich die Diskussion auf Fälle beschränken, in denen sie angeblich wirkt. Bradley hat die fragliche Theorie am klarsten dargestellt, und ich werde seine Veranschaulichung der Sache heranziehen.[3] [259]

Jemand läuft an einem Strand in England entlang, sieht 36
ein Kap und bemerkt, wie sehr es einem Kap in Wales ähnelt. Bradleys Erklärung lautet, dass es in beiden eine wirkliche Identität der Form gibt und dass diese identische Form

3 *Logic*, Vol. I, Book II, Part 2. Ch. I, Sec. 30.

tain elements which cannot be referred to the promontory now seen (size, color, etc., being incompatible) and thus constitutes in connection with identical form the content of the idea of the promontory in Wales. The seeming plausibility of this explanation is shattered by the fact that form is not one isolated element among others, but is an arrangement or pattern of elements. Identity of pattern, arrangement of form is something that can be apprehended only *after* the other promontory has been suggested, by comparison of the two objects.

37 The only way that form or pattern can operate as an immediate link is by the mode of a directly experienced *quality*, something present and prior to and independent of all reflective analysis, something of the same nature which controls artistic construction. In psychological language, it is felt, and the feeling is made explicit or a term of thought in the idea of another promontory. What operates is not an external existential identity between two things, but a present immediate quality — an explanation which is the only one applicable to some cases already cited, and to being reminded of blotting paper by a certain voice. The priority of regulative quality of the situation as a whole is especially obvious in the case of esthetic judgments. A man sees a picture and says at first sight it is by Goya or by some one influenced by him. He passes the judgment long before

durch Kontiguität im Raum bestimmte Elemente nahelegt, die nicht auf das gerade gesehene Kap bezogen werden können (etwa wegen der Unvereinbarkeit von Größe, Farbe usw.) und dergestalt in Verbindung mit der identischen Form den Inhalt der Idee des Kaps in Wales konstituieren. Die anscheinende Plausibilität dieser Erklärung wird durch die Tatsache zerstört, dass die Form nicht ein isoliertes Element unter anderen, sondern ein Arrangement oder Muster von Elementen darstellt. Die Identität des Musters, das Arrangement der Form ist etwas, das erst wahrgenommen werden kann, *nachdem* das andere Kap durch einen Vergleich beider Objekte schon nahegelegt worden ist.

Die einzige Weise, in der Form oder Muster als eine di- 37
rekte Verbindung wirken kann, geschieht im Modus einer direkt erfahrenen *Qualität*, von etwas, das gegenwärtig und vorgängig zu und unabhängig von jeder reflexiven Analyse ist, also etwas von derselben Natur, wie sie auch die künstlerische Gestaltung kontrolliert. In der Sprache der Psychologie wird diese Qualität gefühlt, und das Gefühl wird explizit gemacht oder stellt einen Begriff des Denkens in der Idee eines anderen Kaps dar. Was hier wirksam ist, ist nicht eine externe tatsächliche Identität zwischen zwei Dingen, sondern eine gegenwärtige unmittelbare Qualität – eine Erklärung, die als einzige auf einige der Fälle, die bereits erwähnt wurden, wie auch darauf anwendbar ist, dass einen eine bestimmte Stimme an raues Löschpapier erinnert. Die Vorrangstellung der regulativen Qualität der Situation als Ganzer wird im Fall ästhetischer Urteile besonders offensichtlich. Jemand sieht ein Bild und bemerkt auf den ersten Blick, dass es von Goya oder von jemandem stammt, der von ihm beeinflusst wurde. Er fällt

he has made any analysis or any explicit identification of elements. It is the quality of the picture as a whole that operates. With a trained observer such a judgment based on pervasive quality may lead later to definite analysis of elements and details; the result of the analysis may confirm or may lead to rejection of the original ascription. But the basic appreciation of quality as a whole is a more dependable basis of such point by point analysis and its conclusion than is an external analysis performed by a critic who knows history and mechanical points of brushwork but who is lacking in sensitiveness to pervasive quality.

38 Another instance of Bradley's refers to Mill's denial that the suggestion of another triangle by a given triangle can be reduced to contiguity. For, Mill says, "the form of a triangle is not one single feature among others." Bradley thinks such a view absurd; [260] he cannot, he says, even tell what is meant. The use of the term "feature" may be unfortunate. For when we speak of a nose as a feature of a face, we have in mind one element or part among others. Now triangularity is not such an isolable element. It is a characteristic of the disposition, arrangement, or pattern of all elements, and it must be capable of immediate realization. Even a nose as a feature of a man's face is not completely isolable. For it is characterized by the whole face as well as characterizing

das Urteil, lange bevor er irgendeine Analyse oder explizite Identifikation von Elementen vorgenommen hat. Es ist die Qualität des Bildes als Ganzem, die wirksam ist. Im Falle eines geübten Beobachters mag ein auf durchgängiger Qualität basierendes Urteil später zu einer definiten Analyse von Elementen und Details führen; das Resultat der Analyse kann die ursprüngliche Zuschreibung bestätigen oder aber zurückweisen. Doch die basale Erfassung der Qualität als Ganzer ist ein verlässlicherer Grund solch einer Punkt-für-Punkt-Analyse und der Schlussfolgerung aus ihr, als eine externe Analyse, die von einem Kritiker vorgenommen wird, der die Geschichte und die mechanischen Aspekte des Malens kennt, dem es aber an Sensibilität für die durchdringende Qualität fehlt.

Ein anderes Beispiel von Bradley bezieht sich darauf, 38
dass Mill bestreitet, die Hervorrufung eines anderen Dreiecks durch ein gegebenes Dreieck könne auf Kontiguität reduziert werden. Denn, so Mill, »die Form eines Dreiecks ist kein einzelnes Merkmal unter anderen.« Bradley hält eine solche Sicht für absurd; [260] er könne, sagt er, nicht einmal erkennen, was mit ihr gemeint ist. Der Gebrauch des Begriffs »Merkmal« mag unglücklich sein. Wenn wir nämlich von einer Nase als einem Merkmal eines Gesichts sprechen, dann denken wir an ein Element oder Teil unter anderen. Dreieckigkeit ist jedoch kein solches isolierbares Element. Sie ist ein Charakteristikum der Gliederung, des Arrangements oder des Musters aller Elemente, und muss unmittelbar vergegenwärtigt werden können. Selbst eine Nase als Merkmal eines menschlichen Gesichts lässt sich nicht vollständig isolieren. Denn sie wird durch das gesamte Gesicht ebenso charakterisiert, wie sie das Gesicht cha-

that face. A better instance is found, however, when we speak of a man's *expression.* That assuredly is a total effect of all elements in their relation to one another, not a "single feature among others." And so is triangularity. Family resemblances are often detected, and yet one is totally unable to specify the points of resemblance. Unanalyzed quality of the whole accounts for the identification as a *result,* and it is a radically different thing from identification of a man by fingerprints.

39 The outcome of this brief discussion, in revealing the significance of dominant qualitativeness in suggestion and connection of ideas, shows why thinking as an existential process is all one with controlled association.[4] For the latter is not explained by any merely external conjunction or any external identity in things. If it were, association would itself be merely another case of existential sequence, coexistence, or identity and would be lacking in intellectual and

4. Were I to venture into speculative territory, I might apply this conception to the problem of "thinking" in animals, and what the Gestalt psychologists call "insight." That total quality operates with animals and sometimes secures, as with monkeys, results like those which we obtain by reflective analysis cannot, it seems to me, be doubted. But that this operation of quality in effecting results then goes out into symbolization and analysis is quite another matter.

rakterisiert. Ein besseres Beispiel lässt sich jedoch finden, wenn wir von dem *Ausdruck* eines Menschen sprechen. Hier geht es sicherlich um den Gesamteffekt aller Elemente in ihrer wechselseitigen Beziehung zueinander, nicht um einen »einzelnen Aspekt unter anderen«. Und so verhält es sich mit der Dreieckigkeit. Oft erkennt man Familienähnlichkeiten, und doch ist man völlig außerstande, die Punkte der Ähnlichkeit zu spezifizieren. Die unanalysierte Qualität des Ganzen ist dafür verantwortlich, dass ein *Ergebnis* identifiziert wird, und das ist eine völlig andere Sache als die Identifikation eines Mannes mittels seiner Fingerabdrücke.

Das Resultat dieser kurzen Diskussion zeigt, indem es 39
die Bedeutung des dominanten qualitativen Charakters für die Hervorrufung und Verbindung von Ideen offenbart, warum Denken als ein realer Prozess mit kontrollierter Assoziation identisch ist.[4] Denn Letztere wird nicht durch irgendeine lediglich äußere Verbindung oder irgendeine externe Identität zwischen den Dingen erklärt. Wäre dem so, würde Assoziation selbst einfach nur ein weiterer Fall von wirklicher Abfolge, Koexistenz oder Identität sein und würde intellektuelle und logische Bedeutsamkeit vermis-

4 Wollte ich mich auf spekulatives Territorium begeben, könnte ich diese Konzeption auf das Problem des »Denkens« bei Tieren anwenden und auf das, was die Gestaltpsychologen »Einsicht« nennen. Mir scheint, es kann nicht bestritten werden, dass die totale Qualität auch bei Tieren wirksam ist und in manchen Fällen, etwa bei Affen, Resultate hervorbringt, die denen gleichen, die wir durch reflexive Analyse erhalten. Dass diese Operation der Qualität jedoch bei der Erzielung von Resultaten dann in Symbolisierung und Analyse übergeht, ist etwas völlig anderes.

logical import. But selection and coherence determined by an immediate quality that constitutes and delimits a situation are characteristics of "association." These traits are different in kind from existential conjunction and physical sameness, and identical with those of thought. The case of similarity or resemblance is almost uniquely significant. The problem of its nature is a crux of philosophies. The difficulty of dealing with it leads one on the one hand to thinking of it as purely psychical in nature, and, on the other hand, to the idealistic identification of the ontological and the logical *via* the principle of identity in difference. The recognition of pervasive quality enables us to [261] avoid both extremes. By its means a voice is assimilated to blotting paper, and in more serious intellectual matters analogy becomes a guiding principle of scientific thought. On the basis of *assimilation* a further explicit recognition of similarity takes place. For assimilation is not itself the perception or judgment of similarity; the latter requires a further act made possible by symbols. It involves a proposition. The saying that there is a "tide in the affairs of men, etc." does not of itself involve any direct comparison of human affairs with the ocean and an explicit judgment of likeness. A pervasive quality has resulted in an assimilation. If symbols are at hand, this assimilation may lead to a further act – the judgment of similarity. But *de facto* assimilation comes

sen lassen. Doch sind Selektion und Kohärenz, die von einer unmittelbaren Qualität bestimmt werden, die eine Situation konstituiert und begrenzt, Charakteristika der »Assoziation«. Diese Eigenschaften unterscheiden sich in ihrer Art von realer Verbindung und sind mit den Eigenschaften des Denkens identisch. Der Fall von Gleichheit oder Ähnlichkeit hat eine fast einzigartige Bedeutung. Das Problem seiner Natur ist eine *Crux* der Philosophien. Die Schwierigkeit, mit ihm umzugehen, führt auf der einen Seite dazu, es seiner Natur nach als rein psychisch zu denken, und führt auf der anderen Seite zu der idealistischen Identifikation des Ontologischen und des Logischen *mittels* des Prinzips der Identität in der Differenz. Die Anerkennung der durchdringenden Qualität erlaubt es uns, [261] beide Extreme zu vermeiden. Mittels ihrer wird eine Stimme einem Löschpapier angeglichen, und bei intellektuell ernsthafteren Fragen wird Analogie zu einem Leitprinzip des wissenschaftlichen Denkens. Auf der Basis der Angleichung oder *Assimilation* findet eine weitere explizite Anerkennung der Ähnlichkeit statt. Denn Assimilation ist nicht selbst die Wahrnehmung oder das Urteil der Ähnlichkeit; Letzteres erfordert einen weiteren, erst durch Symbole ermöglichten Akt. Es schließt eine Aussage ein. Die Redensart, es gebe »Gezeiten in den menschlichen Angelegenheiten etc.«, schließt nicht aus sich heraus irgendeinen direkten Vergleich menschlicher Angelegenheiten mit dem Ozean und ein explizites Urteil der Ähnlichkeit ein. Eine durchgängige Qualität hat eine Assimilation zum Resultat gehabt. Wenn Symbole zur Hand sind, kann diese Assimilation zu einem weiteren Akt führen – dem Urteil, dass eine Ähnlichkeit vorliegt. Doch kommt die Assimilation *de facto* zuerst und

first and need not eventuate in the express conception of resemblance.[5]

40 "Assimilation" denotes the efficacious operation of pervasive quality; "similarity" denotes a *relation*. *Sheer* assimilation results in the presence of a single object of apprehension. To identify a seen thing *as* a promontory is a case of assimilation. By some physiological process, not exactly understood at present but to which the name "habit" is given, the net outcome of prior experiences gives a dominant quality, designated "promontory" to a perceived existence. Passage from this object to some other implies resistance to mere assimilation and results in making distinctions. The pervasive quality is differentiated while at the same time these differentiations are connected. The result is an explicit statement or proposition.

41 I have touched, as I am well aware, only upon the fringes of a complex subject. But in view of the general neglect of the subject, I shall be satisfied if I have turned the attention of those interested in thought and its workings to an overlooked field. Omitting reference to ramifications, the gist of the matter is that the immediate existence of quality, and of

5. Thus, to recur to Bradley's example, one may pass directly from the promontory in England to one in Wales and become absorbed in the latter without any judgment of the likeness of the two.

muss nicht zu einer ausdrücklichen Konzeption von Ähnlichkeit führen.[5]

»Assimilation« bezeichnet die wirksame Operation ei- 40
ner durchgängigen Qualität: »Ähnlichkeit« bezeichnet eine *Relation. Bloße* Assimilation hat die Präsenz eines einzigen Objekts der Auffassung zur Folge. Ein wahrgenommenes Ding *als* ein Kap zu identifizieren, stellt einen Fall von Assimilation dar. Durch einen physiologischen Prozess, der gegenwärtig noch nicht genau verstanden, dem aber der Name »Gewohnheit« gegeben wurde, weist das Resultat vergangener Erfahrungen einem wahrgenommenen Vorhandensein eine dominierende Qualität zu, die als »Kap« bezeichnet wird. Ein Übergang von diesem Objekt zu einem anderen schließt Widerstand gegenüber reiner Assimilation ein und resultiert darin, dass Unterscheidungen getroffen werden. Die durchgängige Qualität wird differenziert, während gleichzeitig diese Differenzierungen miteinander verbunden werden. Das Resultat ist eine explizite Feststellung oder Aussage.

Ich bin mir dessen wohl bewusst, dass ich nur gerade die 41
Ränder eines komplexen Themas berührt habe. Doch angesichts der generellen Vernachlässigung des Themas würde ich damit zufrieden sein, wenn ich die Aufmerksamkeit jener, die sich für das Denken und seine Funktionsweise interessieren, auf ein Feld gelenkt habe, das bisher übersehen wurde. Wenn man den Bezug auf die Verzweigungen weglässt, dann besteht hier der zentrale Punkt darin, dass die

5 So kann man, um auf Bradleys Beispiel zurückzukommen, ohne irgendein Urteil über die Ähnlichkeit zwischen den beiden direkt von dem Kap in England zu einem in Wales übergehen und von Letzterem ganz in Anspruch genommen werden.

dominant and pervasive quality, is the background, the point of departure, and the regulative principle of all thinking. Thought which denies the existential reality of qualitative things is therefore bound to end in self-contradiction and in denying itself. "Scientific" thinking, that expressed in physical science, never gets away from qualita-[262]tive existence. Directly, it always has its own qualitative background; indirectly, it has that of the world in which the ordinary experience of the common man is lived. Failure to recognize this fact is the source of a large part of the artificial problems and fallacies that infect our theory of knowledge and our metaphysics, or theories of existence. With this general conclusion goes another that has been emphasized in the preceding discussion. Construction that is artistic is as much a case of genuine thought as that expressed in scientific and philosophical matters, and so is all genuine esthetic appreciation of art, since the latter must in some way, to be vital, retrace the course of the creative process. But the development of this point in its bearing upon esthetic judgment and theory is another story.

unmittelbare Existenz von Qualität, und zwar von dominierender und durchgängiger Qualität, der Hintergrund, Ausgangspunkt und das regulative Prinzip allen Denkens ist. Ein Denken, das die lebenswichtige Realität qualitativer Dinge bestreitet, muss deshalb in Selbstwiderspruch und der Leugnung seiner selbst enden. »Wissenschaftliches« Denken, also dasjenige Denken, das sich in der Physik ausdrückt, kommt niemals von qualita-[262]tiver Existenz los. Auf direkte Weise hat es seinen eigenen qualitativen Hintergrund, in indirekter Weise hat es den Hintergrund jener Welt, in der die gewöhnliche Erfahrung des gewöhnlichen Menschen gelebt wird. Das Unvermögen, diese Tatsache anzuerkennen, ist die Ursache eines großen Teils der künstlichen Probleme und Fehlschlüsse, die unsere Theorie des Wissens und unsere Metaphysik oder die Theorien der Existenz infizieren. Mit dieser allgemeinen Schlussfolgerung geht eine andere Schlussfolgerung einher, die in der vorangegangenen Diskussion betont worden ist. Künstlerische Gestaltung ist ebenso sehr ein Fall genuinen Denkens wie das Denken, das sich in wissenschaftlichen und philosophischen Angelegenheiten ausdrückt, und dasselbe gilt für jede ästhetische Wertschätzung der Kunst, denn die Letztere muss, um vital zu sein, in irgendeiner Form den Verlauf des kreativen Prozesses nachverfolgen. Doch ist die Entwicklung dieses Punkts in seiner Bedeutung für das ästhetische Urteil und die ästhetische Theorie eine andere Geschichte.

Zu dieser Ausgabe

Qualitative Thought wurde zuerst in der Zeitschrift *Symposium* 1 (Januar 1930) S. 5–32, publiziert.

Der Abdruck des englischen Originaltexts folgt der Edition innerhalb der Werkausgabe:

> John Dewey: The Later Works. Bd. 5: 1929–1930. Essays, The Sources of a Science of Education, Individualism, Old and New, and Construction and Criticism. Hrsg. von Jo Ann Boydston. Carbondale: Southern Illinois University Press, 2008. S. 243–262.

Die Originalpaginierung wird in eckigen Klammern wiedergegeben. Typographische Besonderheiten, wie etwa zur Hervorhebung *kursiv* gesetzter Textteile, wurden beibehalten. Die Rechtschreibung und Zeichensetzung folgt der Vorlage buchstaben- und zeichengenau. Die Absätze des Textes werden in der Randspalte durchgezählt.

Anmerkungen

7,10 f. *gesunder Menschenverstand:* übliche Übersetzung für das im Original verwendete *common-sense.* Drei wichtige Unterschiede müssen hier jedoch beachtet werden: 1. Im englischen Original ist der im Deutschen prägende implizite Kontrast zwischen gesundem und nicht-gesundem Menschenverstand nicht enthalten. 2. *Common sense* bringt einen Bezug auf Intersubjektivität (»common«) zum Ausdruck, der dem deutschen Ausdruck ebenfalls fehlt. 3. Der Begriff *sense* betont die Kontinuität zwischen Vernunft und Sinnlichkeit.

7,21 *qualitativer Objekte:* Deweys Wortwahl ist hier etwas unglücklich, denn ein Hauptanliegen seines Essays besteht ja gerade darin, Qualitäten als etwas zu begreifen, das weder der Subjekt- noch der Objektseite zugeschrieben werden kann, sondern aus der Interaktion des Organismus mit der Umgebung hervorgeht.
Metaphysik: Lehre von den allgemeinen Prinzipien und Formen des Seins, die der physischen Welt zugrunde liegen.

7,22 *Epistemologie:* Lehre von der Erkenntnis und ihren Grenzen.

7,26 f. *»primären« Qualitäten im Unterschied zu sekundären und tertiären Qualitäten:* Primäre Qualitäten sind Eigenschaften der Dinge, die beobachterunabhängig sind, z. B. Ausdehnung; sekundäre Qualitäten sind beobachterrelativ, wie etwa Farbe, tertiäre kommen einem Ding als Effekt einer sekundären Qualität zu, wie etwa die Anziehungskraft einer Blüte infolge ihrer Farbe. Allerdings lässt sich auch Deweys Idee, dass es qualitative Ganzheiten gibt, die alle Teile durchdringen, im Sinne einer »tertiären Qualität« verstehen. Vgl. Pappas 2016, S. 442.

11,8 *Aristotelische Logik:* Aristoteles (384–322 v. Chr.), Begründer der (westlichen) Logik. In der Werkgruppe des *Organons* werden Grundbegriffe der Logik wie Begriff, Aussage und Schluss sowie die Modi des Schließens behandelt. Die Aristotelische Logik ist in ihrem Einfluss kaum zu überschätzen. Auch die Weiterentwicklung und Formalisierung der Logik seit dem Ende des 19. Jahrhunderts durch Autoren wie Gottlob Frege (1848–1925), Charles Sanders Peirce (1839–1914) und Bertrand Russell (1872–1970) hat die aristotelische Logik nicht überflüssig gemacht.

11,17 *relationalen Logik:* Dewey denkt hier vermutlich vor allem an Freges Prädikatenlogik, die Attribute als zwei- oder mehrstellige Relationen begreift, sowie an die Entwicklung einer relationalen Zeichenlogik durch den Begründer des Pragmatismus Peirce, der alle Zeichensysteme durch eine prinzipiell dreigliedrige Relation (Zeichen-Objekt-Interpretant) charakterisiert sieht.

11,23 *Der rote Indianer ist stoisch:* Aus heutiger Perspektive hat Deweys Beispiel einen deutlichen rassistischen Beiklang. Glücklicherweise lässt sich mit anderen Beispielen, etwa »Der alte Baum ist knorrig«, Vergleichbares aussagen.

13,9 *Attribution:* Dingen Eigenschaften zusprechen, z. B. »die Suppe ist salzig«.

13,10 *Klassifikation:* Dinge in Klassen einordnen, z. B. »Buchen sind Laubbäume«

15,2 *ökonomischen Menschen:* Die Gedankenfigur des *homo oeconomicus* ist ein bis heute in den Wirtschaftswissenschaften weit verbreitetes, aber auch häufig als blind-neoliberal kritisiertes Konzept. Sie basiert auf der Annahme, dass Menschen als Nutzenmaximierer und ihre Rationalität als Mittel zur Verfolgung ihrer Ziele begriffen werden können.

19,18 *tautologische:* Tautologie: eine aus logischen Gründen immer wahre Aussage, z. B. »wenn die Sonne scheint, scheint die Sonne« oder »Entweder scheint die Sonne, oder sie scheint nicht«.

25,4 *Gefühl:* Das englische *feeling* umfasst sowohl Erlebnisqualitäten (wie es sich anfühlt, eine bestimmte Erfahrung zu machen) als auch Emotionen wie Wut (so Deweys Beispiel).

29,13 *Bergsons:* Henri Bergson (1859–1941), der französische Philosoph erhielt 1927 den Nobelpreis für Literatur. In seiner Philosophie unterscheidet er Intellekt von Intuition und betont den Wert der Letzteren. Dewey greift diesen Punkt auf, betont aber eher die Kontinuität von Intellekt und Intuition.

39,25 *platonischen Theorie vom Selben und Anderen:* Vermutlich spielt Dewey hier auf Überlegungen Platons (428/427–348/347 v. Chr.) in seinem Dialog *Sophistes* an, in dem die Kategorien des Selben und des Verschiedenen analysiert werden.

39,26 f. *der aristotelischen Konzeption von Potentialität und Aktualität:* Diese Begriffe werden von Aristoteles in verschiedenen Kontexten verwendet, um die Differenz zwischen dem, was einem Ding der Möglichkeit nach zukommt, und dem, was es tatsächlich realisiert, zu beschreiben.

41,1 f. *analytisch im Kantischen Sinn:* Immanuel Kant (1724–1804) unterschied zwischen synthetischen Urteilen, die die Erkenntnis erweitern, und analytischen, die nur zum Ausdruck bringen, was bereits in den verwendeten Begriffen enthalten ist (z. B. »ein Junggeselle ist ein unverheirateter Mann«).

41,2 f. *triviale Proposition im Sinne von Locke:* John Locke (1632–1704) war einer der bekanntesten englischen Aufklärungsphilosophen und gilt als Vater des Liberalismus. Kapitel VIII seines empiristisch ausgerichteten *Essay Concerning Human Understanding* von 1690 behandelt sog. *Trifling Propositions*, worunter er u. a. Tautologien wie »Der Wille ist der Wille« versteht.

41,24 f. *des qualitativen Ganzen mittels ihrer Unterscheidung:* Gemeint ist die Unterscheidung zwischen den beiden Begriffen.

47,10 *William James:* James (1842–1910) zählt zusammen mit Peirce zu den Gründervätern des amerikanischen Pragmatismus. Er hat Entscheidendes zu dessen philosophischer Grundlegung, aber auch zur Etablierung einer empirisch orientierten Psychologie beigetragen. In seinen vielgelesenen zweibändigen *Principles of Psychology* beschreibt er das Bewusstsein eines Neugeborenen als »one great blooming, buzzing confusion« (James 1890/1950, Bd. 1, S. 488).

49,25 f. *Ein Königreich für mein Pferd:* In seinem Drama *Richard III.* V,4 lässt William Shakespeare (1564–1616) dies Richard III. ausrufen, nachdem auf der Flucht sein Pferd getötet worden ist: Es sind die letzten Worte Richards – und sie werden heutzutage als geflügeltes Wort angeführt, um eine ausweglose Lage zu bezeichnen, eine Lage, in der wirklich alles auf eine Karte gesetzt werden muss bzw. alles von einem Detail abhängt.

57,29 *Lotzes:* Rudolf Hermann Lotze (1817–1881) war zu seiner Zeit einer der bekanntesten deutschen Philosophen. Für seine Theorie der »logischen Form der Vorstellung« siehe seine *Logik* (Lotze 1843), S. 50–63.

61,23 *Bradley:* Francis Herbert Bradley (1846–1924), der bekannteste Vertreter des Britischen Idealismus. In seinen *Principles of Logic* entwickelt er eine idealistische Gegenposition zu den empiristischen Vorstellungen von David Hume (1711–1776) und John Stuart Mill (1806–1873) über die Assoziation von Ideen.

63,30 *Goya:* Francisco de Goya (1746–1828), bekannter spanischer Maler und Grafiker.

65,16 *Mill:* John Stuart Mill (1806–1873), britischer Philosoph und Ökonom, dem Utilitarismus und Liberalismus zentrale Impulse verdanken. Auch seine *Logik* wurde im 19. Jahrhundert vieldiskutiert. Dewey zitiert hier aus Bradleys *Principles of Logic* (S. 308), wo die entsprechende Äußerung Mills in indirekter Rede wiedergegeben wird.

67,26 *Gestaltpsychologen:* Die Gestaltpsychologie ist eine Richtung in der Psychologie, die Wahrnehmung als die Erfassung von »Gestalten«, also einheitsstiftenden Mustern, versteht.

Literaturhinweise

Alexander, Thomas: John Dewey's Theory of Art, Experience, and Nature. The Horizons of Feeling. New York 1987.

Bradley, Francis H.: The Principles of Logic. London 1883.

Damásio, António: Descartes' Irrtum. Fühlen, Denken und das menschliche Gehirn. Frankfurt a. M. 1997.

– Ich fühle, also bin ich. Die Entschlüsselung des Bewusstseins. München 2000.

– The Strange Order of Things. Life, Feeling, and the Making of Cultures. New York 2018.

Dennett, Daniel: Cognitive Wheels: The Frame Problem of AI. In: Christopher Hookway (Hrsg.): Minds, Machines, and Evolutions. Cambridge 1984. S. 129–150.

Dewey, John: *The Reflex Arc Concept in Psychology* (Die Elementareinheit des Verhaltens, 1896). In: J. D.: Philosophie und Zivilisation. Frankfurt a. M. 2003. S. 230–244.

– / James Hayden Tufts: Ethics (Ethik, 1908). New York 1908, stark überarb. Neuausg. New York 1932.

– How We Think (Wie wir denken, 1910). Boston 1910.

– Democracy and Education (Demokratie und Erziehung, 1916). New York 1916.

– Reconstruction in Philosophy (Die Erneuerung der Philosophie, 1920). New York 1920.

– Experience and Nature (Erfahrung und Natur, 1925). Frankfurt a. M. 1995.

– Affektives Denken (Affective Thought, 1926). In: J. D.: Philosophie und Zivilisation. Frankfurt a. M. 2003. S. 117–124.

– The Quest for Certainty (Die Suche nach Gewissheit, 1929). New York 1929.

– Art as Experience (Kunst als Erfahrung, 1934). Frankfurt a. M. 1988.

– Peirce's Theory of Quality (1935). In: Larry A. Hickman / Thomas M. Alexander (Hrsg.): The Essential Dewey. Bd. 2. Ethics, Logic, Psychology. Bloomington/Indianapolis 1998. S. 371–376.

– Logic. The Theory of Inquiry (Logik: Die Theorie der Forschung, 1938). Frankfurt a. M. 2002.

– Erfahrung, Erkenntnis und Wert. Eine Replik (Experience, Knowedge, and Value. A Rejoinder, 1939). In: J. D.: Erfahrung, Erkenntnis und Wert. Frankfurt a. M. 2004. S. 362–463.
Gallagher, Shaun: Philosophical Antecedents to Situated Cognition. In: Philipp Robbins / Murat Aydede (Hrsg.): The Cambridge Handbook of Situated Cognition. Cambridge 2009. S. 35–51.
– Enactivist Interventions. Rethinking the Mind. Oxford 2017.
Garrison, Jim: Dewey, Qualitative Thought, and Context. In: International Journal of Qualitative Studies in Education 9 (2006) Nr. 4. S. 391–410: https://doi.org/10.1080/095183996000904O3.
James, William: The Principles of Psychology (1890). 2 Bde. New York 1950.
Joas, Hans: Amerikanischer Pragmatismus und deutsches Denken. Zur Geschichte eines Mißverständnisses. In: H. J.: Pragmatismus und Gesellschaftstheorie. Frankfurt a. M. 1992. S. 114–145.
Johnson, Mark: Embodied Mind, Meaning, and Reason. How Our Bodies Give Rise to Understanding. Chicago/London 2017.
Jung, Matthias: Leben und Bedeutung. Die leibliche Praxis des Geistes. Berlin / New York 2023.
Lakoff, George / Johnson, Mark: Metaphors We Live by. Chicago/ London 1980. Neuaufl. mit ausführlichem neuen Nachw. 2003.
Lotze, Rudolf Hermann: Logik. Leipzig 1843.
Madzia, Roman / Jung, Matthias (Hrsg.): Pragmatism and Embodied Cognitive Science. Berlin / New York 2016.
Newen, Albert / De Bruin, Leon / Gallagher, Shaun (Hrsg.): The Oxford Handbook of 4E Cognition. Oxford 2018.
Pappas, Gregory Fernando: John Dewey's Radical Logic: The Function of the Qualitative on Thinking. In: Transactions of the Charles S. Peirce Society 52 (2016) Nr. 3. S. 435–469.
Peirce, Charles Sanders: Über die Klarheit unserer Gedanken (How to Make Our Ideas Clear, 1878). Frankfurt a. M. 1968.
Schmitz, Hermann: Logische Untersuchungen. Freiburg/München 2008.

Nachwort

Zum Autor

John Dewey (1859–1952) zählt mit Charles Sanders Peirce (1839–1914), William James (1842–1910) und George Herbert Mead (1863–1931) zu den herausragenden Vertretern des klassischen amerikanischen Pragmatismus. Über seine fachphilosophischen Arbeiten hinaus war Dewey auch als Pädagoge, Schulreformer, öffentlicher Intellektueller und demokratischer Aktivist vielfältig engagiert. Lange Reisen und Auslandsaufenthalte führten ihn unter anderem nach Japan, China sowie in die Türkei, nach Mexiko und in die Sowjetunion.

Dewey stammte aus ländlichen Verhältnissen und wurde von dem gefühlsbetonten Pietismus seiner Mutter geprägt. Seine philosophische Karriere begann er als Hegelianer, wurde aber auch schon früh von Charles Darwins (1809–1882) Evolutionstheorie stark beeinflusst. Im Zentrum seines Denkens steht die Erweiterung menschlicher Handlungs- und Erfahrungsmöglichkeiten in ihrer ganzen Breite im Rahmen eines emphatischen Verständnisses von partizipativer Demokratie.

Dewey studierte Naturwissenschaften und Philosophie in Vermont und Baltimore. Er war zwischenzeitlich auch als Lehrer an einer Schule tätig, begann seine akademische Lehrtätigkeit dann an den Universitäten von Michigan und Minnesota und wurde 1894 an die University of Chicago berufen. Die extremen sozialen Spannungen in dieser Zeit dort bilden den Hintergrund für sein schulreformerisches Engagement und die Gründung einer experimentellen Elementarschule (die später Dewey School genannt wurde). 1904 wechselte er an die Columbia University in New York, wo er bis zu seiner Emeritierung 1930 blieb. Bis die analytische Philosophie sich immer mehr durchsetzte, galt er als einer der wohl bekanntesten amerikanischen Philosophen und öffentlichen Intellektuellen.

Sein Werk ist umfangreich und umfasst in den *Collected Works* 37 Bände. Auch der Umfang der behandelten Themen ist enorm und reicht von Logik über Ästhetik, Naturphilosophie, Handlungstheorie und Ethik bis hin zur Pädagogik – von Deweys zahlreichen publizistischen Einlassungen ganz abgesehen.

Zusammengehalten werden seine Publikationen durch die Grundidee, dass der mit seiner Umwelt interagierende soziale Organismus den Ausgangspunkt allen Denkens bilden muss, Handlung und Erfahrung also zwei Seiten ein und derselben Medaille darstellen. Beobachtertheorien der Erkenntnis und des Wissens werden von ihm zurückgewiesen.

Schon in seinem bedeutenden frühen Aufsatz über das *Modell des Reflexbogens* von 1896 (Dewey 1896/2003) wird diese Einsicht herausgearbeitet. Umfangreiche Schriften wie *Ethics* von 1908, *How We Think* (*Wie wir denken*) von 1910 und *Democracy and Education* von 1916 entwickeln eine Konzeption menschlicher Handlungs- und Erfahrungsprozesse, die zwar im pädagogischen Handeln, in Wissenschaft, Kunst und Alltagspraxis unterschiedliche Facetten aufweisen, jedoch in einem Ideal immer inklusiverer und vielseitigerer sozialer Erfahrung integriert werden sollen. 1925 erscheint *Experience and Nature*, Deweys Versuch, eine umfassende Theorie von Naturprozessen zu entwickeln, die auch den menschlichen Geist und kulturelle Aktivitäten einschließt, diese aber nicht auf ihre materiellen Voraussetzungen reduziert.

Weitere bedeutende Schriften aus dieser Zeit sind *Reconstruction in Philosophy* von 1920 und *The Quest for Certainty* von 1929, in denen er – weg von einer illusionären Suche nach theoretischer Gewissheit und hin zur immer besseren Gestaltung menschlicher Lebensverhältnisse in einer kontingenten Wirklichkeit – ein neues Philosophieverständnis entwickelt.

Das Thema qualitativer, das heißt in Interaktionssituationen und im Erleben des Organismus verankerter Erfahrung bestimmt die beiden späten Monographien *Art as Experience* von 1934 und *Logic. The Theory of Inquiry* von 1938 (aus dem Umfeld dieser Arbeiten stammt auch der hier zugrunde gelegte Essay über qualitatives Denken). In beiden Arbeiten wird deutlich, dass es Dewey keineswegs nur um praktische Nützlichkeit geht, wie ihm oft unterstellt wurde, sondern um die Anerkennung vielfältiger menschlicher Erfahrungsweisen, unter denen die Kunst den höchsten Rang einnimmt. Auch wissenschaftliche Erkenntnis, deren logische Formen die »Logik« rekonstruiert, dient der Sicherung menschlicher Werte und Qualitäten in einer kontingenten Wirklichkeit.

Das philosophiegeschichtliche Umfeld des Textes

In seinem Gesamtwerk kommt dem Essay *Qualitative Thought* ein rezeptionsgeschichtlich eher bescheidener, argumentationstheoretisch jedoch zentraler Platz zu. Dewey hatte zum Zeitpunkt von dessen Abfassung bereits in mehreren großen Monographien einen eigenen Begriff der Erfahrung entwickelt und demokratietheoretisch, pädagogisch und naturphilosophisch vertieft. Kern dieser Konzeption ist die Annahme, dass Menschen Organismen sind, die zuallererst leiblich, erlebend und wertend mit ihrer Umwelt interagieren, bevor sie ein erkenntnistheoretisches bzw. epistemisches Weltverhältnis einnehmen und explizites Wissen erwerben können. Diese praktische, organische Beziehung zur Realität wird qualitativ erlebt. Sie steht jedoch nicht in einem Gegensatz zu rationalen und kognitiven Prozessen, sondern ermöglicht diese Prozesse überhaupt erst. Dewey dachte verkörperungstheoretisch, verstand den menschlichen Geist also von den Interaktionen des Körpers mit der Umwelt her, und er war Antidualist, lehnte also die *Trennung* (nicht die Unterscheidung) zwischen Körper und Geist, Natur und Kultur, Fakten und Normen usw. ab. Die Vorstellung, unsere epistemische, in Propositionen zum Ausdruck kommende Weltbeziehung könnte ohne Bezug auf den lebendigen Organismus verstanden werden, wies er entschieden zurück.

Aus dieser Grundhaltung heraus wird die zentrale Rolle des Qualitativen in der Erfahrung verständlich: Alles, was Menschen überhaupt erreichen können, sei es im Alltag, als Kunstwerk oder als mathematisch formulierte Theorie, gründet in der qualitativen Wahrnehmung einer Situation, die als problematisch (in dem sehr weiten Sinn, dass sie nicht durch gewohnheitsmäßiges Handeln bewältigt werden kann) erscheint.[1] Nun hat Dewey in dem Zeitraum, in

1 Für eine eng an Dewey angelehnte, sehr detaillierte Darstellung der Funktion des qualitativen Erlebens in Kognitionsprozessen vgl. Jung 2023, S. 63–94.

dem *Qualitative Thought* entstanden ist, auch zwei große Monographien verfasst, die mit der ästhetischen und wissenschaftlichen Dimension menschlicher Erfahrung deren komplementäre Extreme behandeln.

Diese Formulierung ist mit Bedacht gewählt und soll zum Ausdruck bringen, dass Unterschiede im Prozess der Erfahrung für Dewey immer adverbial und nicht adjektivisch gedacht werden müssen. Es gibt für ihn keine nur adjektivisch gedachte wissenschaftliche oder nur ästhetische (und übrigens auch keine nur religiöse) Erfahrung von voneinander getrennten Wirklichkeitsbereichen; vielmehr spielen auch in der Wissenschaft ästhetische Aspekte eine wichtige Rolle und bedarf auch die Kunst jener systematischen Erkundung der Realität, die Dewey *inquiry* nennt. In *Art as Experience* wird eine ästhetische Einstellung zur Wirklichkeit, bei der Erfahrungen um ihrer selbst willen gemacht werden, als die höchste Form menschlicher Erfahrung ausgezeichnet. In *Logic. The Theory of Inquiry* geht es um die Frage, wie die logische Struktur von Forschungsprozessen verstanden werden kann, wenn diese als Aktivitäten eines qualitativ auf die Realität bezogenen, aber gleichzeitig zu reflexiver Distanz fähigen Wesens begriffen werden.

Damit bleibt die Frage offen, wie genau der Zusammenhang des Qualitativen mit den Assoziationsprozessen des Denkens und Formulierens im Allgemeinen (also unabhängig von seiner spezifisch ästhetischen oder wissenschaftlichen Ausprägung) verstanden werden kann. Und genau dieser Frage widmet sich der vorliegende Aufsatz. Dass es in diesem Text über die Herausarbeitung der zentralen Bedeutung des qualitativen Weltverhältnisses hinaus hauptsächlich um die Funktion durchgängiger Situationsqualitäten bei der Entwicklung des Denkens und Artikulierens geht, darf nicht darüber hinwegtäuschen, dass Deweys Theorie ästhetischer, sich in sich selbst vollendender Erfahrung den ungenannten, aber omnipräsenten Hintergrund des Textes bildet. Es geht zwar um Qualitäten in ihrer Bedeutung für Akte der Kognition, doch geschieht dies eben vor der Folie eines sehr weiten Erfahrungsbegriffs, der Erfahrung und Wissen gerade nicht miteinander identifiziert, sondern Wissen für einen funktional eingebundenen Teilbereich von Erfahrung hält.

Im direkten Umfeld des 1930 erschienenen Essays hat Dewey drei weitere einschlägige Essays publiziert. *Affective Thought* erschien schon 1926 und behandelt die Rolle des Affektiven bei der Wiederherstellung und tendenziell der Verbesserung der Integration von Organismus und Umwelt. Dabei arbeitet Dewey bereits die Nähe zwischen dem wissenschaftlichen und dem künstlerischen Prozess heraus:

> Wahrscheinlich wird einmal die Zeit kommen, da allgemein anerkannt sein wird, dass die Unterschiede zwischen kohärenten logischen Schemata und künstlerischen Strukturen in Dichtung, Musik und den bildenden Künsten eher technischer und spezieller Art als grundlegend sind.[2]

Der Text argumentiert auf dieser Basis für das, was ihm nur mittels einer Einbeziehung qualitativer (terminologisch im Text allerdings noch nicht sogenannter) Erfahrung möglich

2 Dewey 2003, S. 120.

und als dringende Aufgabe der menschlichen Zivilisation erscheint: Letztlich geht es um die Integration der verschiedenen, sich immer mehr verselbständigenden Dimensionen von Erfahrung, etwa in Kunst und Wissenschaft.

Einen anderen wichtigen Akzent setzt der Essay *Context and Thought* von 1931. Hier stellt Dewey heraus, dass sich Denken immer in einem räumlichen, zeitlichen und durch selektive Interessen des Organismus bestimmten Zusammenhang bewegt, den zu kennen zum Verständnis kognitiver Prozesse unerlässlich ist. Er behauptet sogar, »der am weitesten verbreitete Fehlschluss des philosophischen Denkens geht auf die Vernachlässigung des Kontextes zurück«.[3] Den Kontext aber bildet jeweils die Handlungssituation, in der das Denken stattfindet, und zwar nur deshalb und dann, weil und wenn die Situation keine reibungslose Interaktion mit der Umwelt mehr ermöglicht und daher als problematisch und klärungsbedürftig erfahren wird. Die Verbindung mit dem Begriff des Qualitativen zeigt sich hier darin, dass die Klärungsbedürftigkeit der Situation erlebt wird, eine qualitative Präsenz gewinnen muss, bevor diskursive Gliederungen möglich werden.

Mit dem Aufsatz *Peirce's Theory of Quality* (1935) erweist Dewey der Kategorienlehre von Peirce seine Referenz, die er allerdings weniger in ihren metaphysischen Implikationen als im Sinne einer logischen Analyse menschlicher Erfahrung ernst nimmt. Die Peirce'sche Kategorie der *Firstness* begreift er dabei als »reine Totalität und durchdringende Einheit der Qualität in allem Erfahrenem, ob es

3 »the most pervasive fallacy of philosophic thinking goes back to the neglect of context«. Dewey 1931/1998, S. 207. (Übers. M. J.)

ein Geruch ist, das Drama *King Lear* oder philosophische oder wissenschaftliche Systeme«.[4]

Der weitere, über Deweys Werk hinausgehende Kontext des Essays lässt sich vielleicht am besten durch Deweys Auseinandersetzungen mit dem Philosophen Bertrand Russell (1872–1970) erläutern, der unter anderem als Logiker, Mathematiker und Vertreter des logischen Atomismus sowie später als Pazifist und Menschenrechtler bekannt geworden ist: Mit seiner Doktrin ging Russell davon aus, dass es harte, als diskrete Phänomene auftretende Tatsachen gibt – atomare Fakten, die als Ausgangspunkt für die Gewinnung sicheren Wissens genutzt werden können.

Im Unterschied dazu war es für Dewey offensichtlich, dass das ursprünglich »Gegebene« nur als eine einheitlich erlebte, aber inhaltlich durch diffus-unbestimmte Mannigfaltigkeit charakterisierte Situationsqualität begriffen werden kann. »Gegeben« ist, situativ und gespürt, jeweils ein *Datum* im Singular, eine relevante Situation, die aber noch gar keine einzelnen Teile aufweist. Erst durch kognitive, selektive Unterscheidungen können dann so etwas wie *Daten* im Plural gewonnen werden. Dabei geht es um mehr als nur darum, welche Art von Ausgangsdaten der Empirismus voraussetzen kann.

Die entscheidende Frage lautet hier, ob Kognitionen von ihrem nichtkognitiven Kontext isoliert werden können und dann auch einen klar abgrenzbaren Bereich bilden, der durch Wissenschafts- bzw. Erkenntnistheorie bearbeitet

4 »sheer totality and pervading unity of quality in everything experienced, whether it be odor, the drama of *King Lear*, or philosophic or scientific systems«. Dewey 1935/1998, S. 371.(Übers. M. J.)

werden kann. Diese Vorstellung weist Dewey vehement zurück und geht damit auch auf Distanz zu den auf Russell zurückgehenden Strömungen der analytischen Philosophie, in denen versucht wird, Sprache und Kognition von ihrem leiblichen und handlungspraktischen Kontext zu isolieren. Für ihn sind kognitive Akte selektive, unselbständige Operationen innerhalb eines übergreifenden Kontextes, der durch die Interaktionen des Organismus mit seiner Umwelt erzeugt wird.

In einem längeren Text, der auf Einwände seiner Kritiker und ausführlich auch auf diejenigen Russells reagiert (*Erfahrung, Erkenntnis und Wert. Eine Replik*, 1939), schreibt Dewey dementsprechend recht resigniert,

> dass Russell außerstande war, der Unterscheidung zu folgen, die ich zwischen dem unmittelbar gehabten Material nicht-kognitiv erlebter Situationen und dem Material der Kognition mache – eine Unterscheidung, ohne die meine Ansicht nicht verstanden werden kann.[5]

Überblick über den Aufbau des Textes

Die Kernthese des Aufsatzes lautet, dass menschliche Kognition auf einer erlebenden, leiblichen und praktischen Weltbeziehung beruht und ohne diese gar nicht gedacht werden kann. Der Titel *Qualitative Thought* erklärt sich aus diesem Zusammenhang: Das Kognitive (Denken) ist auf das ursprünglich Nichtkognitive (das erlebend-praktische

5 Dewey 1939/2004, S. 396.

Verhältnis zur Welt) derart grundsätzlich und konstitutiv angewiesen, dass es aus diesem Grund selbst als »qualitativ« bezeichnet werden kann.

Deweys Aufsatz besteht aus 41 Absätzen ohne weitere Gliederung, und das erleichtert das Verständnis nicht gerade. Ich schlage eine die Argumentationsstruktur betonende Gliederung des Textes vor:

- Die Absätze 1 bis 3 behandeln den *Primat des Qualitativen.*
- In den Absätzen 4 bis 6 werden *die Mängel der traditionellen Behandlung des Qualitativen* erörtert, bevor in den
- Absätzen 7 bis 8 die These von der *Kontrolle des Denkens durch eine unterliegende und umfassende Qualität* entwickelt wird.
- Diese These wird in den Absätzen 9 bis 12 in *Deweys Konzept der Situation und dessen Vorgängigkeit vor dem Objektbegriff* eingebettet.
- *Der gefühlte Charakter situativer Qualitäten* ist Gegenstand der Absätze 13 bis 15, wobei auch der Begriff der *Intuition* behandelt wird.
- Die Absätze 16 bis 17 beschäftigen sich mit *Qualitäten und ihrem sprachlichen Ausdruck*, von wo aus Dewey
- in den Absätzen 18 bis 21 zur *Logik der künstlerischen Konstruktion* übergeht.
- Mit dem Absatz 22 beginnt derjenige Teil des Aufsatzes, der explizit mit dem Verhältnis zwischen qualitativ erlebten Situationen und der Entwicklung des Denkens und sprachlichen Ausdrucks befasst ist.
- Zunächst wird in den Absätzen 22 bis 28 *die Natur der*

Prädikation behandelt, wie sie sich vor dem Hintergrund der These vom Primat des Qualitativen darstellt.
- Der umfangreiche nächste Argumentationsteil umfasst die Absätze 29 bis 40 und behandelt die *Assoziation von Gedanken auf der Basis qualitativer Einheiten*, inklusive einer ausführlichen Unterscheidung von Assoziation und Kontiguität.
- Der Schlussabsatz 41 stellt noch einmal das Erleben von Situationsqualitäten als *das regulative Prinzip allen Denkens* heraus.

Deweys Argumentation ist stellenweise sehr dicht, oft voraussetzungsreich und konzentriert sich gelegentlich stark auf die Auseinandersetzung mit heute kaum noch bekannten und auch nur noch begrenzt relevanten Positionen. Die Aktualität seines Textes liegt vor allem darin, dass er ein qualitatives Weltverhältnis herausarbeitet, das allen kognitiven Akten vorgängig ist und diese erst ermöglicht. Auf diesen Aspekt wird sich die folgende Textanalyse konzentrieren.

Analyse und Deutung des Textes

Der Primat des Qualitativen (Abs. 1–3)

Deweys Aufsatz wird in seiner ganzen Bedeutung nur verständlich, wenn man ihn in den Kontext der Entwicklung seines eigenen Werkes und der Publikation seiner großen Monographien einordnet. Der unmittelbare Bezug besteht hier wie erwähnt in Deweys *Art as Experience* sowie, scheinbar gegensätzlich hierzu, in seiner *Logic. The Theory of Inquiry*. Als wichtige Grundlage muss dabei jedoch auch noch Deweys naturalistische Metaphysik von *Experience and Nature* herangezogen werden.

Der zentrale Gedanke lässt sich in unterschiedlich starker Ausprägung bei allen klassischen Pragmatisten finden. Er lautet: Man muss das Modell der menschlichen Weltbeziehung von einem Subjekt, das Objekten erkennend gegenübersteht, auf dasjenige eines Organismus umstellen, der mit seiner Umwelt immer schon interagiert und sich mit ihr austauscht, auch und vor allem, um seine Lebensinteressen zu sichern. Dabei wird die Interaktionseinheit von Organismus und Umgebung als die zentrale, vorgängige Relation verstanden, die überhaupt erst eine Unterscheidung der verschiedenen Teile der Beziehung ermöglicht.

Die *basic unit of explanation* ist also nicht mehr die theoretische Unterscheidung zwischen Subjekt und Objekt, sondern die praktische Weltbeziehung, die den Organismus als solchen erst schafft bzw. konstituiert (aber auch die Umwelt formt), weil sich Organismen nur durch den Stoffwechsel (im weitesten Sinne) mit ihrer Umwelt erhalten und ihr Wohlergehen befördern können. Was Dewey nicht hier, wohl aber an vielen anderen Stellen erwähnt, ist die Einsicht, dass Bewusstsein, Denkprozesse und sprachlicher Ausdruck immer nur dann auftreten, wenn der fließende Austausch zwischen Organismus und Umgebung aus irgendeinem Grund stockt und es aus diesem Grunde notwendig wird, die vorgängige Einheit zu analysieren, also z. B. nach subjektiven und objektiven Komponenten zu differenzieren, um die Austauschbeziehung wieder fortsetzen zu können.

Organismen sind besorgt um ihr Wohl bzw. haben ein Wohl. Ihr Leben kann gedeihen oder verkümmern, und nur deshalb erleben sie die Welt qualitativ. In qualitativen Bestimmungen ist also immer eine *Bewertung* enthalten. Es fühlt sich gut oder schlecht, sicher oder bedrohlich, chancenreich oder ausweglos usw. an, in einer bestimmten Situation zu sein. Im Handeln – und nur deshalb später auch in der Theorie – zeigen sich Weltausschnitte in ihrer Bedeutung für den Organismus. In diesem Sinne führt Dewey in *Experience and Nature* aus:

> In der Erfahrung stellen sich Dinge als erschütternd, tragisch, schön, humorvoll, beruhigt, gestört, bequem, ärgerlich, schal, harsch, tröstlich, glänzend oder fruchtbar dar; und zwar unmittelbar und aus eigenem Recht und zu eigenem Nutzen.[6]

Solche dominierenden Qualitäten werden bewusst erlebt, rücken jedoch erst vom Hintergrund in den Vordergrund des Bewusstseins, sobald die fließenden Austauschbeziehungen mit der Umwelt sich verändern und neu bestimmt werden müssen. Die kognitiven Prozesse, die im Organismus ablaufen, dienen der Wiederherstellung des Austauschs, der erst Leben ermöglicht.

Diese evolutionär-funktionale Bestimmung von Kognitionen und intelligentem Handeln gilt für alle Organismen, nicht nur für Menschen. Wie Dewey in seinem Aufsatz zeigt, werden Menschen in ihrem Verhalten jedoch nicht nur durch unmittelbar gefühlte Situationsqualitäten ge-

6 Dewey 1925/1995, S. 104.

lenkt, sondern sind auch in der Lage, diese Qualitäten als Ausgangspunkte und ›Leitplanken‹ für höherstufige, reflexive Kognitionsprozesse zu nutzen und sie systematisch zu artikulieren. Dadurch werden etwa Unterschiede, Wertungen oder Akzentuierungen innerhalb dessen sichtbar gemacht, was zunächst als eine einheitliche Qualität präsent war.

Es geht im Zusammenhang mit qualitativen Fragen also um die »Sorgen und Angelegenheiten des Lebens« (S. 7), wie Dewey ausführt. KI-Systeme, müsste man heute ergänzen, können keine Qualitäten erleben, weil sie keine Lebensinteressen haben. Deweys Formulierung und auch der Bezug auf den »gesunden Menschenverstand« (*common sense*) im ersten Absatz könnten jedoch so verstanden werden, als ob es eine Art Speziallogik für qualitativ gesteuerte lebensweltliche Denkprozesse gäbe, die in dem Aufsatz erläutert werden soll, die ihrerseits aber etwa mit der Logik wissenschaftlicher Forschung nichts zu tun hat.

Dieser Eindruck verstärkt sich sogar noch, wenn Dewey im zweiten Absatz die Unterschiede zwischen lebensweltlichen und wissenschaftlichen »Objekten« (S. 7) herausarbeitet. Rotes Blut beispielsweise, das aus einer Wunde tritt, ist Gegenstand von Ängsten und dringlichem Handeln, während der Röte, die als Schwingungszahl von Lichtwellen definiert wird, diese Eigenschaften offensichtlich fehlen.

Jede Beschränkung auf lebensweltliche Kontexte verfehlt jedoch die Intentionen Deweys. Es geht ihm keineswegs um eine Art qualitativ bestimmter Alltagslogik, sondern um die Einsicht, dass *alle* kognitiven Prozesse, sei es in Alltag, Kunst oder Wissenschaft, intern mit dem Erleben von Qualitäten verbunden sind und ohne dieses Erleben gar nicht existieren können. Der dritte Absatz vollzieht den ersten Schwenk in dieser Richtung, indem er zunächst dafür argumentiert, dass die universelle Gültigkeit der Logik nur dann erreicht werden kann, wenn auch »qualitative[.] Objekte« (S. 7) einbezogen werden.

Allerdings ist der Begriff des qualitativen Objekts, den Dewey verwendet, sehr missverständlich. Denn Qualitäten sind, wie in den beiden Abschnitten über den Situationsbegriff und das Fühlen von Qualitäten erläutert wird, weder subjektiv noch objektiv. Sie charakterisieren vielmehr bedeutungshaft erlebte Situationen im Ganzen, innerhalb derer dann erst nach dem den Anstoß gebenden, initialen einheitlichen Erleben durch gliedernde Denk- und Ausdrucksprozesse subjektive und objektive Komponenten herausgehoben werden können.

Die Mängel der traditionellen Behandlung des Qualitativen (Abs. 4–6)

Verständlichkeit und Rezeption von Deweys Text leiden unter der Tatsache, dass er in diesem Text anscheinend zwei unterschiedliche Absichten verfolgt bzw. genauer gesagt die eine Absicht ganz überwiegend nur aus der Teilperspektive der anderen Absicht darstellt. Die allgemeine Absicht besteht darin, die Bedeutung des Qualitativen im menschlichen Weltverhältnis herauszustellen. Dies hat unter anderem naturphilosophische, ästhetische und natürlich auch argumentationslogische Konsequenzen. Eine speziellere Konsequenz besteht darin, die Funktion erlebter Qualitäten für zielgerichtete kognitive Prozesse herauszuarbeiten.

Weil dieses speziellere Argumentationsziel den Text auch quantitativ gesehen dominiert, könnte der Eindruck entstehen, es ginge Dewey hauptsächlich um eine innovative Erklärung von Assoziationsprozessen im Denken. Dass dieser Eindruck trügt, wird jedoch spätestens in den Abschnitten über die Logik des künstlerischen Ausdruckes (Abs. 19–21) deutlich, in denen Dewey die Bezüge zu seiner Ästhetik entfaltet, denn dort stehen erfüllende (*consummatory*) Erfahrungen im Zentrum, die über utilitäre Mittel-Zweck-Relationen hinausgehen.

Deweys Hinweise auf die aristotelische und die moderne Logik zielen vor allem auf die Aufwertung der Relation. In seiner *Logic* heißt es, dass »keine Konsistenz der [logischen, M. J.] Theorie erreicht werden kann, solange die Theorie von vorgängigen Subjekten, die fertig gegeben für die Prädikation vorliegen, beibehalten wird«[7]. Kurz zuvor ist davon die Rede, die zeitgenössische Logik sei »genügend weit fortgeschritten, um die alte logische Form zu kritisieren. So erkennt sie jetzt zum Beispiel außer Aussagen von der Subjekt(Substanz)-Prädikat-Form auch relationale Aussagen an.«[8]

Der springende Punkt ist hier, dass weder klassifikatorische noch attributive Deutungen der Tatsache gerecht werden können, dass die »gewöhnliche direkte Bedeutung der Aussage« (S. 11) Deweys Interpretation zufolge gar nicht dem Schema Subjekt-Prädikat entspricht, insofern dieses

7 Dewey 1938/2002, S. 116.
8 Ebd.

Schema ein bereits konstituiertes, unabhängiges Subjekt voraussetzt, von dem dann nachträglich etwas vorhergesagt bzw. prädiziert wird. In Deweys Deutung wird ein Durchdrungensein des Stoffs von einer bestimmten Qualität ausgesagt, das keine Isolierung des »Gegebenen« von seinen »Eigenschaften« erlaubt.

An dieser Stelle kommt der Begriff der Relation ins Spiel. Dewey ist der Ansicht, dass logische Kategorien dazu neigen, die Vorstellung zu zementieren, wir hätten Zugang zu einer an sich existierenden Realität, während doch Realität immer nur im Zusammenhang der Interaktion zwischen dem Organismus und seiner Umwelt erfahren werden kann. Ausschließlich *innerhalb* dieser basalen Relation legen erlebte Qualitäten Möglichkeiten der Bestimmung nahe, die dann logische Unterscheidungen in die ursprüngliche Einheit einführen. Denken darf dementsprechend nicht als Abbildung einer subjektunabhängigen Realität verstanden werden, sondern Denken gliedert aktiv die relationale Einheit, die der menschliche Organismus mit seiner Umwelt bildet.

Deweys letzter Argumentationsschritt verweist darauf, dass eine Ausklammerung des Qualitativen weite Bereiche des Denkens (etwa in Ästhetik, Moral und Politik) entweder der logischen Irrationalität überlassen oder sie unter völlig unangemessene Begriffe fassen würde. Er nennt als Beispiel für solche Begriffe die in den Wirtschaftswissenschaften verbreitete Modellvorstellung des *homo oeconomicus*. Sobald Qualitäten, also intrinsisch als gut oder schlecht erlebte Dimensionen der Erfahrung, außen vor gelassen werden, bleibt nur eine reduzierte, auf die Optimierung des individuellen Nutzens zielende Form von Rationalität übrig.

Die Kontrolle des Denkens durch eine unterliegende und allumfassende Qualität (Abs. 7–8)

Entscheidend für Deweys Argumentation ist, wie angedeutet, die Annahme, dass allen Prozessen der Artikulation und ebenso allen Behauptungen bzw. assertorischen Aussagen gespürte Qualitäten zugrunde liegen, die sich der Interaktion des Organismus mit seiner Umgebung verdanken. Demnach sind Qualitäten keine Eigenschaften, die von diesen Qualitäten unterschiedenen Gegenständen zukommen, sondern diese Qualitäten sind für uns die Sache selbst und machen entsprechend den Ausgangspunkt für alle Differenzierungen aus. Deweys Beispiel mit Thomas bzw. John Jones soll verdeutlichen, dass ein Wechsel in der einheitlich erfahrenen Qualität auch auf die Weise durchschlägt, in der wir spezifische Bestimmungen und Unterscheidung wahrnehmen und bewerten. Die Stimmigkeit aller Differenzierungen hängt eben davon ab, ob sie sich als Artikulationen *dieser* und nicht *jener* spezifischen Situationsqualität verstehen lassen.

Wenn nicht anerkannt wird, dass Denkprozesse durch den Bezug auf qualitative Totalitäten gelenkt werden, steht zu erwarten, so Dewey, dass entweder das Qualitative ins Irrationale abgeschoben oder das Denken auf die mechanische Zuordnung von »Eigenschaften« reduziert wird. Der innere Zusammenhang, metaphorisch gesprochen der Glutkern des Denkens, geht auf diese Weise aber verloren.

Deweys Konzept der Situation und dessen Vorgängigkeit vor dem Objektbegriff (Abs. 9–12)

Die Vernachlässigung des situativen Kontexts stellt für Dewey so etwas wie die Ursünde der Philosophie dar. Jedes Denken vollzieht sich ihm zufolge in klärungsbedürftigen, unbestimmten Situationen. Solche Situationen sind, wie Dewey auch in seiner *Logic* ausführt, weder einzelne Objekte oder Ereignisse noch Mengen von diesen, sie manifestieren sich vielmehr in einem »kontextuellen Ganzen«.[9] Der Prozess der (Nach-)Forschung besteht unabhängig davon, ob im Alltag oder in der Wissenschaft, immer in dem Versuch, ein als unbestimmt, aber bestimmungsbedürftig erfahrenes kontextuelles Ganzes durch Analyse, diskursive Gliederung und gegebenenfalls durch experimentelle Überprüfung in eine hinreichend bestimmte Situation zu verwandeln. Unbestimmtheit und Bestimmungsbedürftigkeit der Situation scheuchen das Denken gewissermaßen auf, sie nötigen dazu, die erlebte Qualität, durch die die Situation individuiert und integriert ist, explizit zu machen. Das geschieht nur dann, wenn eine Fortsetzung von Routinen von bestimmten Handlungen nicht mehr möglich ist.

Erst dann können Objekte voneinander unterschieden und ihre subjektiven Anteile voneinander abgegrenzt werden. Vor dieser diskursiven Gliederungsarbeit sind Situationen durch etwas gekennzeichnet, das Hermann Schmitz »binnendiffuse[.] Bedeutsamkeit«[10] nennt: Sie haben eine

9 Dewey 1938/2002, S. 87.
10 Schmitz 2008, S. 144.

innere, eine *implizite*, interne Komplexität, die noch keine voneinander unterschiedenen bzw. diskreten Elemente einschließt. In diesem Sinne führt Dewey aus: Wenn man die Situation »›implizit‹ nennt, bedeutet das nicht, dass sie impliziert ist«.[11] Um ein Beispiel zu geben: Jemand fährt in einer fremden Stadt U-Bahn und empfindet die Situation im Wagen als vage bedrohlich. Diese binnendiffuse Qualität setzt kognitive Prozesse in Gang, in deren Verlauf erst einzelne Objekte (sich auffällig verhaltende Personen usw.) voneinander unterschieden, aber auch subjektive Anteile bewusst gemacht werden können (etwa potentielle eigene Vorurteile rassistischer oder sonstiger Art). Auf diese Weise wird es möglich, sich eine Situation zu erklären, was dann wieder bestimmte Möglichkeiten, sich in dieser Situation zu verhalten, freisetzt. Oder anders ausgedrückt: Das Bedrohliche der Situation als durchdringende Qualität kommt *vor* der Unterscheidung von Subjekten und Prädikaten. Entsprechend darf, so Dewey, selbst eine geologische Aussage wie »Der Stein ist schieferig« nicht so verstanden werden, als ob es eine Entität »Stein« und eine Eigenschaft namens »Schieferigkeit« gäbe, die erst nachträglich durch die Kopula »ist« miteinander verbunden werden. Beides, also sowohl die Entität als auch die Eigenschaft, sind analytische Differenzierungen einer ihnen vorausliegenden Situation der Erfahrung, und diese Einsicht muss nach Dewey auch in der Logik ihren Ausdruck finden.

Situationen können damit niemals zur Gänze ausdrücklich gemacht werden. Sie sind schließlich nicht aus abzählbar vielen Teilen zusammengesetzt, vielmehr setzt die Un-

11 Siehe oben, S. 21.

terscheidung erläuterbarer bzw. explizierbarer Teilelemente die binnendiffus-bedeutsame, einheitliche Situationsqualität als die Bedingung ihrer Möglichkeit bereits voraus.

Dewey wählt als besonders deutliches Beispiel für diese integrierende und ermöglichende Kraft gelungene Kunstwerke. In ihnen ist es evident, dass alle identifizierbaren Details von der ganzheitlichen Anmutung des Kunstwerks geprägt werden. Die einheitliche Qualität erlaubt dem Denken, im Wortsinn beim Thema zu bleiben und nur relevante Möglichkeiten für ein mögliches Verständnis durchzuspielen.

Das beschränkt sich keineswegs auf künstlerische Kreativität, es trifft Dewey zufolge genauso auch auf wissenschaftliche Forschungsprozesse zu. In seiner *Logic* arbeitet er heraus, dass ein Gespür für die Qualitäten einer bestimmten Situation in der Forschung unerlässlich ist, um fruchtbare Beobachtungen machen und empirisch anschlussfähige Theorien entwickeln zu können: »Wenn die einzigartige Qualität der Situation unmittelbar *erlebt* wird, dann gibt es etwas, das die Auswahl und Gewichtung der beobachteten Tatsachen und ihrer begrifflichen Ordnung regelt.«[12]

Der gefühlte Charakter situativer Qualitäten (Abs. 13–15)

Die qualitative Einheit einer durchlebten Situation darf Dewey zufolge nicht mit einem mentalen Zustand in Gestalt eines subjektiven Gefühls verwechselt werden. Das ergibt sich letztlich bereits aus dem bisher Gesagten: Situationen

12 Dewey 1938/2002, S. 92.

sind nichts Subjektives oder Objektives, sie charakterisieren vielmehr die Interaktionseinheit von Organismus und Umgebung, aus der alle Unterscheidungen erst entspringen. Im Fühlen wird die Situation und kein psychischer Zustand präsent. Dewey wird später darauf hinweisen, dass die gefühlte Situationsqualität immer mit »Sorge um oder Interesse am menschlichen Schicksal«[13] verbunden ist. Nur deshalb, weil Menschen ein Wohl verfolgen bzw. am Gelingen ihres Lebens interessiert sind, sind Situationsqualitäten stets mit einer affektiven Bewertung verbunden.

Exkurs: Damásio

Dass es sich hier um einen zentralen Punkt handelt, dessen Bedeutung auch in der modernen Kognitionswissenschaft entdeckt worden ist, zeigt ein Vergleich mit den Arbeiten des bekannten Neurowissenschaftlers António Damásio. Dieser hat in zahlreichen Publikationen[14] herausgearbeitet, dass alle Denkprozesse auf Gefühlen basieren, in denen die begegnende Wirklichkeit als zuträglich oder abträglich für den Organismus bewertet wird.

Dabei entwickelt Damásio ein sehr spezifisches Konzept der *Homöostase*, verstanden als ein Zustand des Wohlergehens und dessen Steigerung. Diese Homöostase ist zwar ein Zustand des Organismus, der jedoch nur durch dauernden Stoffwechsel mit der Umwelt sein kann, was er ist. Dasjenige, was für Damásio situativ gefühlt wird, sind Veränderun-

13 Siehe oben, S. 45.
14 Siehe u. a. Damásio 1997, 2000, 2018.

gen der Homöostase zum Guten oder Schlechten hin *anlässlich* der jeweiligen Austauschqualität mit der Umwelt.

Gefühle, die in einer bestimmten Situation entstanden sind, verbinden also affektive mit perzeptiven Komponenten. Hätte ich beispielsweise bei einem Spaziergang im dunklen Wald nicht plötzlich den Eindruck, eine Gestalt (die in Wirklichkeit vielleicht ein Baumstumpf ist) kauere am Wegesrand, könnte ich auch keine Gefühle der Angst entwickeln. Damásios Lehre von der konstitutiven Rolle der Gefühle für das Denken kann jedenfalls auf weite Strecken zwanglos als eine neurowissenschaftlich informierte Weiterentwicklung der Dewey'schen Position gelesen werden.[15]

Wie verhält sich Deweys Situationsgespür zum Begriff der Intuition? Dewey analysiert zunächst die Redeweise, man habe das Gefühl, den Eindruck oder eine Ahnung von etwas. Entscheidend ist an dieser Stelle, dass damit eine noch unanalysierte Qualität angezeigt wird, eine Bedeutsamkeit, die in formulierte Bedeutungen zu bringen schon einen guten Teil der Lösung des Problems darstellt. Das Problematisch-Sein kommt eben *vor* der Erkenntnis dessen, worin das Problem überhaupt besteht. Und hier findet sich auch die Verbindung zum alltäglichen Gebrauch des Worts »Intuition«, die Dewey darin sieht, dass eine diffuse qualitative Bestimmtheit klar erfasst wird. Deshalb stimmt er Henri Bergsons (1859–1941) Priorisierung der Intuition zu, weist aber zugleich die Vorstellung zurück, damit sei eine eigene Art von möglicherweise »mystischem« (vgl. S. 29) Wissen gewonnen. Intuitionen in Deweys Sinn enthalten selbst

15 Vgl. dazu auch Pappas 2016, S. 443.

keinerlei Wissen; sie sind jedoch die Bedingung der Möglichkeit jeder Erzeugung von Wissen, weil sie das Denken auf eine einheitliche Qualität konzentrieren, der es durch angemessene Begriffe und Relationsbestimmungen gerecht zu werden gilt.

Qualitäten und ihr sprachlicher Ausdruck (Abs. 16–17)

Nur der situative Kontext selbst kann bestimmen, welcher sprachliche Ausdruck einer Situation angemessen ist. Deweys Beispiele (wie etwa knappe Interjektionen) sollen deutlich machen, dass die Kürze oder Länge eines Ausdrucks nichts darüber verrät, ob er auch wirklich angemessen ist. Wie Dewey im Absatz 28 herausstellt, kann eine angemessene bzw. adäquate Symbolisierung in einer knappen Phrase oder auch in einem ganzen Buch bestehen; es kommt eben auf den Kontext an. Möglich ist es sogar, dass eine bestimmte Situation qualitativ derart intensiv erfahren wird, dass jede Versprachlichung als unangemessen erscheint. Entscheidend ist, dass Propositionen nicht für sich selbst stehen können. Ihre Angemessenheit verdankt sich keiner freistehenden Rationalität, sondern der Einheit von erlebter und versprachlichter Situation. Ohne Versprachlichung könnte das Erleben nicht wissen, von was es eigentlich genau handelt. Doch ohne das Erleben gäbe es keinerlei Grund, sich sprachlich überhaupt zu äußern. Entsprechend führt Dewey in seiner *Logic* aus: »Ein Erfahrungsuniversum ist die Vorbedingung eines Diskursuniversums.«[16]

16 Dewey 1938/2002, S. 90.

In der Produktion und Rezeption von Kunstwerken manifestiert sich für Dewey die höchste Form von menschlicher Erfahrung und zeigt sich dementsprechend auch beispielhaft die qualitative Basis der Logik. Für Kunstwerke ist die wechselseitige Integration der Elemente unter der Führung einer einheitlichen, durchgängigen Qualität konstitutiv: »Die gegenseitige Erhellung von Teilen und einem Ganzen« mache »ein Objekt zu einem Kunstwerk«,[17] heißt es in *Art as Experience*. Umgekehrt gilt: Dort, wo es an einer gelungenen Integration fehlt, handelt es sich eben auch nicht um Kunst. Ähnliches gilt für die Kunstkritik. Sie kann zwar formale Muster wie etwa Symmetrie oder Proportion benennen; diese bleiben jedoch dem Kunstwerk äußerlich, wenn sie sich nicht als interne Explikationen einer qualitativ integrierten Perzeption verstehen lassen. Und der Maßstab für die Gelungenheit dieser Explikationen besteht darin, ob sie ermöglicht, ein Kunstwerk vertieft zu erleben – oder eben nicht.

Die Logik der Kunst ist demnach eine qualitative Logik. Das bedeutet aber nicht, dass es auch nichtqualitative Logiken gäbe. Vielmehr verhält es sich so, dass in der Produktion und Rezeption von Kunst die allgemeinen Eigenschaften menschlicher Erfahrung nur besonders deutlich zum Ausdruck kommen. Während in alltäglichen Kognitionen häufig instrumentelle Rationalität dominiert, erlaubt das Ästhetische die Vertiefung in einen Erfahrungsprozess um seiner selbst willen. Es ist für Deweys antidualistische, kontinuitätsbetonte Denkweise charakteristisch, dass ihn

17 Dewey 1934/1988, S. 198.

diese Einsicht nicht etwa zu einer Entgegensetzung von Kunst und Wissenschaft, sondern zu einer »Ästhetisierung« wissenschaftlicher Erfahrung führt. Wie ist das genauer zu verstehen?

»Gebrauch und Genuss«[18] sind die beiden Perspektiven, aus denen heraus in der menschlichen Alltagspraxis die Wirklichkeit angeeignet wird. In der Wissenschaftspraxis hingegen fehlt diese »*direkte* Verwicklung des Menschen in die *unmittelbare* Umwelt«.[19] Qualitäten werden in der Forschung weder zur Verwirklichung der Zwecke des Organismus genutzt noch in selbstwerthaften Erfahrungen »genossen«. Unverändert bleibt die elementare Tatsache, dass kognitive Prozesse der Bestimmung einer unbestimmten Situation, ohne sensibel für deren charakteristische Qualität zu sein, orientierungslos bleiben. Je abstrakter und mathematisierter die Bildung einer Theorie ist, desto wichtiger wird, so Dewey, die qualitative Kontrolle. Denn nur Letztere verbindet die symbolischen Konstrukte der Theorie mit der direkten Erfahrung eines Organismus.

Dies gilt genauso für den Text des Aufsatzes *Qualitative Thought* selbst. Diesen Text kann man als eine Art symbolischer Meditation über die Unentbehrlichkeit des Nichtsymbolischen verstehen.[20] Sprache kann das verkörperte Bedeutungserleben nicht ersetzen, wohl aber auf dieses verweisen.

18 Dewey 1938/2002, S. 80.

19 Ebd., S. 81.

20 »Nichtsymbolisch« darf nicht mit »nicht-zeichenhaft« verwechselt werden. Peirce, auf den sich Dewey bezieht, hat in seiner Semiotik herausgearbeitet, dass die symbolische Zeichenkomponenten immer auf die Kooperation nichtsymbolischer Kompo-

Die Natur der Prädikation (Abs. 22–28)

Mit diesem Abschnitt beginnt der eher technische Teil von Deweys Essay. Es geht nun nicht mehr um die Bedeutung des Qualitativen für das menschliche Weltverhältnis im Allgemeinen, sondern um die Art und Weise, wie die Anerkennung, dass solch ein Verhältnis zur Welt besteht, das Verständnis logischer Prozesse verändert. Dewey will zeigen, dass das klassisch-logische Verständnis der Prädikation zu einer Schwierigkeit führt: Entweder geht man davon aus, dass das Ausgesagte bereits in demjenigen enthalten ist, von dem es prädiziert wird. Dann würde die Aussage als trivial oder tautologisch erscheinen. Wenn das aber nicht der Fall ist, das Prädizierte also dem Subjekt der Prädikation äußerlich ist, dann erscheint die Aussage als die mehr oder minder willkürliche Anheftung eines Etiketts. Geht man hingegen mit Dewey davon aus, dass es bedeutungshafte, komplexe und qualitative Ganzheiten sind, die direkt erfahren werden, also »gegeben« sind, tritt dieses Problem gar nicht erst nicht auf. Alle Unterscheidungen zwischen Subjekt und Prädikat erscheinen dann als *ex post* getroffene Bestimmungen eines integralen Ganzen zum Zweck seiner handelnden Bewältigung, nicht als Abbildungen diskreter Elemente dieses Ganzen. Qualitäten enthalten schließlich gar keine diskreten Teile, sie präsentieren, um nochmals auf den Ausdruck von Hermann Schmitz zurückzugreifen, eine »binnendiffuse« Komplexität, das heißt, sie geben also die Möglichkeit und Anregung, Unterscheidungen zu treffen.

nenten angewiesen sind, die für die direkte Konfrontation des Organismus mit seiner Umwelt stehen.

Das macht auch verständlich, wie Dewey die Kopula »ist« interpretiert. Sie legt Handlungsmöglichkeiten nahe, expliziert mit anderen Worten die praktischen Konsequenzen einer Aussage, wie Dewey am Beispiel des Prädikats »ist süß« verdeutlicht. Es artikuliert die Möglichkeit, zu süßen, und die Tatsache, dass wir uns üblicherweise nicht in dieser aktivistischen Form ausdrücken, erklärt Dewey dadurch, dass hier das vorweggenommene Ergebnis einer Aktivität zur Bezeichnung dieser selbst verwendet wird. Wenn etwas süßen kann, dürfte das Resultat die Qualität des Süßseins sein.

Deweys Position lässt sich an dieser Stelle am besten durch einen Hinweis auf Peirce' berühmte *pragmatische Maxime* erläutern. In ihrer bekanntesten Fassung aus dem Text *How to Make Our Ideas Clear* (1878) lautet sie:

> Überlege, welche Wirkungen, die denkbarer Weise praktische Bezüge haben könnten, wir dem Gegenstand unseres Begriffs in Gedanken zukommen lassen. Dann ist unser Begriff dieser Wirkungen das Ganze unseres Begriffs des Gegenstands.[21]

Weder William James noch Dewey haben den modalen Differenzierungen in Peirce' Maxime (»*denkbarerweise* … haben *könnten*«) große Aufmerksamkeit geschenkt. Sie übernehmen von Peirce jedoch die Grundidee, dass sich begriffliche Beziehungen als Aussagen über mögliche praktische Konsequenzen verstehen lassen.

Hält man sich vor Augen, dass Dewey klärungsbedürfti-

21 Peirce 1878/1968, S. 63.

ge Situationen als Stockungen des Handlungsflusses versteht, dann leuchtet die Verbindung von sprachlicher Bedeutung und praktischer Konsequenz eher ein: Sprache dient der Gliederung und Bestimmung gelebter und erlebter Umweltbeziehungen, und kognitive sowie sprachliche Akte machen ausdrücklich, welche Differenzierungen innerhalb des qualitativen Ganzen Handlungshindernisse und -möglichkeiten bereithalten (ursprünglich bezog sich das auf den überlebenswichtigen Austausch des Organismus mit der Umwelt; es kann sich aber innerhalb kulturell geprägter Lebensweisen genauso auf Handlungsformen beziehen, die sich von allen unmittelbaren Lebensinteressen gelöst haben, etwa auf wissenschaftliche Praktiken oder künstlerische Tätigkeiten).

Diese ganze Konzeption muss völlig unverständlich bleiben, solange man sie vor dem Hintergrund einer vor allem theoretischen, repräsentierenden Weltbeziehung versteht. Dewey macht aber unmissverständlich deutlich, dass es immer um eine »Sorge um oder Interesse am menschlichen Schicksal«[22] geht. Wir fühlen Qualitäten eben nur deshalb, weil die entsprechenden Situationen mit unserem Wohl und Wehe verbunden sind.

Vor diesem Hintergrund entwickelt Dewey auch eine Kritik an der empiristischen Idee des »Gegebenen«. Diese legt nahe, uns seien durch die Sinneserfahrung harte, diskrete Daten, also gewissermaßen Empfindungsatome gegeben.[23] Dewey hält das für eine Illusion, die nur dadurch

22 Siehe oben, S. 45.

23 Vgl. dazu die Darstellung des Konflikts zwischen Dewey und Bertrand Russell, S. 89.

ermöglicht wird, dass wir die Gliederungsleistung des Denkens ausblenden. Qualitäten, die wir in einer Situation erleben, gibt es sozusagen direkt oder »roh«. Sie zeichnen sich durch eine noch ungegliederte Komplexität unter der einheitsstiftenden Dominanz einer einheitlichen Qualität aus. Unartikulierte Qualitäten sind jedoch von sich aus bzw. intern auf ihre kognitive Klärung bezogen. Dies ergibt sich schon aus der Tatsache, dass sie nur intensiv als solche erfahren werden, wenn der durch Gewohnheiten (*habits*) ermöglichte Austausch mit der Umwelt stockt und problematisch wird. Die Umwandlung der Qualität in einen kognitiven Gegenstand vollzieht sich Dewey zufolge durch das Ausdrücklich-machen von Grenzen und Übergängen. Die so vollzogenen Prädikationen formuliert das jeweilige Subjekt als »Mittel oder Bedingung«, das Prädikat hingegen als »Resultat oder Ende«[24]. So wäre etwa Zucker (Mittel) süß (Resultat des Zuckerns). Eine ausführliche Darstellung und Begründung dieser hier nur als Behauptung aufgestellten These findet sich in Deweys *Logic*, und zwar insbesondere in den Teilen 2 und 3, die sich mit Urteilen und Aussagen beschäftigen.[25]

Den letzten Abschnitt dieses Teils (Abs. 28) nutzt Dewey dazu, mit idealistischen Logiken abzurechnen. Er denkt hier wohl vor allem an Georg Wilhelm Friedrich Hegel (1770–1831), aber auch der schon erwähnte britische Idealist Francis Herbert Bradley (1846–1924) dürfte mitgemeint sein. Eine Voraussage bzw. Prädikation geschieht Dewey zufolge in einer problematisch gewordenen Situation, in der Letz-

24 Siehe oben, S. 47.
25 Vgl. Dewey 1938/2002, S. 127–332 bzw. S. 333–430.

tere als qualitative Einheit präsent ist. Dieser Bezug auf eine bestimmte Situation macht aus dem partikularen Charakter von Prädikationen eine Selbstverständlichkeit. Die Korrektheit eines Urteils wird nicht dadurch bedroht, dass dieses Urteil nur eine Teilwahrheit über die Wirklichkeit enthält. Ebenso wenig braucht man deshalb auch Unterstützung durch eine spekulative Theorie des »Ganzen«. Wann eine konkrete Situation genügend expliziert worden ist, entscheidet sich dadurch, dass ihre erlebte Qualität sich verändert hat – und das kann extrem unterschiedlich sein. Logische Angemessenheit ist situationsspezifisch.

Die Assoziation von Gedanken auf der Basis qualitativer Einheiten (Abs. 29–40)

Über mehr als zehn Absätze hinweg erörtert Dewey den Charakter des Denkens als qualitativ kontrollierte Assoziation von *objektbezogenen* Ideen (nicht etwa von mentalen Zuständen). Damit bezieht er sich auf eine lange Tradition der empirisch ausgerichteten Assoziationspsychologie, die bei David Hume (1711–1776) ansetzt. Allerdings kritisiert er diese auch fundamental, indem er mit der Vorstellung psychisch gegebener, diskreter Elemente, die dann irgendwie (z. B. aufgrund ihrer zeitlichen oder räumlichen Kontiguität) assoziativ verbunden werden, bricht. Dieses im Kern atomistische Modell verträgt sich nicht mit Deweys Grundeinsicht, dass Denken mit einer erfahrenen Situationsqualität einsetzt, die noch gar keine diskreten Teile hat. Er stellt daher das klassische Assoziationsmodell gewissermaßen vom Kopf auf die Füße: Es geht nicht mehr um die Frage, wie atomare Empfindungen miteinander kombiniert werden, sondern um das Problem, nach welchen Kriterien Ganzheiten aufgespalten und auf diese Weise erst diskrete Teile erzeugt werden.

Für Dewey ist die Einsicht zentral, dass die Wahrnehmung von räumlicher und/oder zeitlicher Kontiguität sowie die Wahrnehmung von Ähnlichkeit das einheitliche Erleben von Situationen bereits voraussetzt und deshalb nicht zu dessen Erklärung herangezogen werden kann. Es verhält sich genau umgekehrt: Aus der situativen, also von einer dominierenden *Bedeutsamkeit* bestimmten Einheit können im Laufe ihrer kognitiven Bestimmung die verschiedensten Aspekte herausgearbeitet und differenziert werden, wie etwa Ähnlichkeiten und Unterschiede, räumliche und/oder zeitliche Verbindungen, Kausalitäten, logische Ableitungen oder Gefühle. Gäbe es aber keine »binnendiffuse«, vorgängige Einheitserfahrung, würden all diese unterschiedlichen Aspekte gar nicht als auf etwas Gemeinsames bezogen wahrgenommen werden können.

Die von Dewey entwickelte Position, dass Assoziationen durch Situationsqualitäten selektiert und gelenkt werden, verflüssigt auch die traditionelle Unterscheidung zwischen logischer Geltung und psychischem »Mechanismus«. Ob ein Kognitionsprozess sachlogische Geltung beanspruchen kann, hängt davon ab, ob er bestimmbare Handlungskonsequenzen hervorbringt, die eine Fortsetzung des unterbrochenen Austauschs mit der Umwelt möglich machen (bzw. möglich machen *könnten*, wenn man die Peirce'sche Fassung der pragmatischen Maxime heranziehen wollte). Die psychischen Assoziations»mechanismen« sind daher immer schon in einer doppelten Weise auf eine widerständige

Realität bezogen: Die Situationsqualität, die den Denkprozess anstößt, resultiert nicht aus den Träumereien einer psychischen Innenwelt, sondern sie geht aus den Interaktionen des Organismus mit einer widerständigen Umwelt hervor. Und die Resultate der begrifflichen Klärungsleistungen müssen sich an praktischen Konsequenzen, also wiederum in einer widerständigen Umwelt, bewähren. Falschen Annahmen über Objekte und Kausalitäten kann diese Bewährung auf Dauer nicht gelingen.

Wodurch werden Assoziationsprozesse nun gelenkt? Physische (räumliche und/oder zeitliche) Kontiguität kann, so Dewey, kein Grund für eine Assoziation sein. Selbst in den Fällen, in denen so etwas naheliegen sollte (etwa dann, wenn die Erinnerung an Ausflüge nach Rom die Erinnerung an schönes Wetter hervorruft) ist der eigentliche Grund der Assoziation eine qualitativ erlebte Situation, die räumliche, zeitliche, aber auch ganz andere Aspekte umfassen kann. So mag, um Deweys Beispiel etwas zu variieren, das Stichwort »Rom« auch die Erinnerung an einen verhassten oder geliebten Lateinlehrer wachrufen.

Mit anderen Worten: Nicht die jeweils assoziierten Objekte, sondern nur die gemeinsame Bedeutung dieser Objekte als kognitive Konkretisierungen einer qualitativ erlebten Situation kann die Tatsache erklären, dass eine Assoziation bzw. Zuordnung vorliegt. Kurz: Assoziation ist keine *de facto*-Relation, sondern stellt das Mittel dar, mit dem kognitive Prozesse eine einheitliche erlebte Qualität in aufeinander bezogene, unterscheidbare Elemente gliedern. Physische Kontiguität von Einzeldingen als solche hilft an dieser Stelle nicht weiter, denn es existiert immer eine große Zahl von Kontiguitäten, die aber situativ gar nicht relevant sind. Deshalb wird man einen Hammer auch dann eher mit einem Nagel als etwa mit einer Taschenlampe assoziieren, wenn beides in derselben physischen Nähe zum Hammer im Werkzeugkasten zu finden ist. Warum? Weil Hammer und Nagel viel deutlicher als Hammer und Taschenlampe in einer Handlungssituation integriert sind und sich aus diesem Grund entsprechende assoziative Gewohnheiten ausgebildet haben.

Dewey verdeutlicht seine Position durch einen Vergleich mit der Assoziationstheorie des idealistischen Philosophen und Logikers Bradley. Für Letzteren beruht Assoziation auf der Identität eines bestimmten Aspekts der jeweiligen Form. Man erkennt etwa in einem englischen Kap ein Muster, eine ideale Form, die durch das gerade Gesehene nicht vollständig realisiert wird und deshalb die Erinnerung an andere Instantiierungen dieses Muster (im Beispiel: ein Kap in Wales) wachruft. Dewey hält das für unplausibel, weil die Form keine isolierbare Komponente darstellt, sondern sich erst aus dem Arrangement etwa der Höhenlinien, Reliefs oder Schattierungen ergibt. Dasselbe gilt auch für das Beispiel der Form eines Dreiecks, die eben nicht als ablösbares Merkmal verstanden werden kann, als ob es ein Dreieck und zusätzlich auch noch seine Form geben könnte.

Wiederholt besteht Dewey darauf, dass qualitativ basierte Assoziationsprozesse nicht durch äußerliche Abfolgen, Ähnlichkeiten oder Koexistenzen erklärt werden können. Kontrollierte Assoziation zeichnet sich durch Selektion und Kohärenz aus. Diese beiden Merkmale werden nur durch den Bezug auf ein noch nicht in Elemente differenziertes, jedoch komplexes, einheitliches Ganzes erklärbar, das die Richtung der sinnvollen Selektionen bestimmt und einen Zusammenhang schafft, der innerlich statt äußerlich ist, weil er jeweils auf einer erfahrenen Einheit beruht. Das verdeutlicht Dewey durch den Begriff der *Assimilation*, und allgemeiner: mit der Funktion von *Analogien* für das Denken, einschließlich des wissenschaftlichen Denkens. Dabei handelt es sich um hintereinander geschaltete Stufen des kognitiven Prozesses. Die Assimilation kommt zuerst und resultiert aus der Erfahrung einer durchgängigen Qualität der Situation, die in ihrer Komplexität Verschiedenes miteinander verbindet, ohne dass dies schon explizit gemacht wird. In der Fußnote 4 (S. 67) deutet Dewey an, dass auch tierische Kognitionen durch qualitative Totalitäten gelenkt werden, markiert aber zugleich den Unterschied zum Menschen, der in der Lage ist, Totalitäten reflexiv zu gliedern und auf diese Weise erst explizit zu machen.

Mit der Assimilation als Leistung der erlebten Qualität einer bestimmten Situation ist dann auch die Basis für sprachliche Analogiebildungen geschaffen, wie etwa der von Dewey zitierten Redensart, es gebe Gezeiten in den menschlichen Angelegenheiten. Dabei spielen Gewohnheiten (*habits*) eine wichtige Rolle. Situative Qualitäten fallen nicht vom Himmel, sie sind von den Lebensinteressen des Organismus und von seiner Erfahrungsgeschichte ebenso geprägt wie von dem, was aktuell wahrgenommen wird. So kommt es dazu, dass neu auftretende Erfahrungen gewohnheitsmäßig an alte Erfahrungen angepasst bzw. assimiliert werden. Dewey greift hier auf gestaltpsychologische Denkmodelle zurück (vgl. Fußnote 4). Sobald jedoch ein Widerstand auftritt, etwas Neues sich nicht integrieren lässt, werden kognitive Differenzierungsprozesse in Gang gesetzt. Sie markieren Unterschiede innerhalb eines Ganzen, und dies macht Dewey zufolge den Kern der Prädikation aus.

Deweys Ausführungen über das Verhältnis von kontrollierten Denkakten und erlebten Qualitäten am Leitgedanken der Assoziation sind im Detail nicht immer leicht verständlich. Eine eingehendere Analyse und Interpretation könnte etwa auf die Zeichentheorie von Peirce zurückgreifen und herausarbeiten, wie Qualitäten, Widerstände im Handlungsprozess und Denkakte bzw. Artikulationen funktional ineinandergreifen. Dabei müsste, wie hier nur kurz angedeutet werden kann, die ikonische Zeichendimension (also die auf Ähnlichkeiten basierende Dimension, etwa ein stilisierter Zug auf einem Verkehrsschild am Bahnübergang) für die erlebten und gestalthaft wiedererlebten Qualitäten stehen, die indexikalische Zeichendimension (also der Verweis auf etwas aufgrund einer kausalen Verbindung, beispielsweise Rauch als Zeichen für Feuer) für den Handlungszusammenhang mit einer Umwelt, die den Organismus immer wieder überrascht, und die symbolische Zeichendimension (also die konventionelle, in einer Sprache festgelegte Bedeutung von Wörtern) schließlich für die verallgemeinernde Explikation der situativen Bedeutsamkeit, für ihre Transformation in intersubjektiv teilbare Bedeutungen.

Das regulative Prinzip allen Denkens (Abs. 41)

Dewey schließt seinen Essay mit einem Plädoyer für die umfassende Bedeutung des Qualitativen. Kognitionen hätten keinen Fokus und keine Richtung, würden sie nicht von der verkörperten Erfahrung einer dominierenden und durchgängigen Situationsqualität getragen.

Die Aktualität dieser Einsicht soll abschließend nochmals kurz durch einen Hinweis auf das sogenannte *frame-problem* in der KI-Forschung und der Philosophie des Geistes erläutert werden. Darunter versteht man die logische Schwierigkeit, die Relevanz von Handlungsalternativen einzugrenzen, ohne dazu alle prinzipiell möglichen, jedoch intuitiv irrelevanten Möglichkeiten erst eigens durchgehen zu müssen. In einem von Daniel Dennett (1942–2024) stammenden Beispiel[26] erhält ein Roboter die Information, dass in seinem Schuppen in den nächsten Minuten eine Bombe explodieren wird. Der Roboter beginnt damit, alle möglichen Konsequenzen durchzurechnen, etwa die, dass ein Verlassen des Schuppens keine Auswirkungen auf die chinesischen Teepreise haben würde. Während dieses Rechenprozesses explodiert leider die Bombe. Dem Roboter fehlt, in Deweys Terminologie ausgedrückt, ein situatives Gespür für Relevanz. Lebendige Organismen haben dieses Gefühl, weil sie ein Wohl und Wehe haben und deswegen laufend emotional gefärbte Bewertungen von Situationen vornehmen. Verkörpertes Erleben löst das *frame-problem*, jedoch nur für Organismen, die verletzlich sind und sterben können.

Für Dewey wäre es deshalb ein fataler Fehler, logische Denkoperation in Isolation von ihrem qualitativen Kontext zu behandeln, wie dies die formale Logik seit Frege macht, ein Fehler, der auch zum sachwidrigen Ausschluss jeder Form künstlerischen Denkens aus der Logik führt. Im Fall

26 vgl. Dennett 1989, S. 129.

der Wissenschaften weist der Einbezug des Kontexts die doppelte Dimension auf, dass es einerseits wissenschaftsspezifische qualitative Kontexte gibt (etwa das Gespür einer Forscherin oder eines Forschers für den gelungenen Aufbau eines Experiments) und dass andererseits wissenschaftliche Gegenstände durch Abstraktion aus der »gewöhnliche[n] Erfahrung des gewöhnlichen Menschen« (S. 73) isoliert werden, auf die sie doch immer bezogen bleiben. Wird dies anerkannt, lösen sich die Unterschiede zwischen Wissenschaft und Kunst nicht auf, verlieren aber ihren trennenden Charakter. Beide menschliche Aktivitäten gründen in der Wechselbeziehung zwischen gefühlten Qualitäten einer bestimmten Situation und kognitiven Akten der Differenzierung und Erklärung bzw. Explikation, die auf diesen basieren. Dewey zufolge besteht eine Hauptursache philosophischer Fehlschlüsse darin, genau dies zu leugnen.

Fortleben des Textes

Deweys Einsicht in die allumfassende Bedeutung des Qualitativen ist in seinem Werk zwar schon früh angelegt. Besonders der wichtige Aufsatz *The Reflex Arc Concept in Psychology* von 1896 entwickelt bereits die Idee eines qualitativ bestimmten Interaktionszusammenhangs von Organismus und Umwelt. Die großen Monographien über Kunst und Logik sowie die entsprechenden Aufsätze, in denen Dewey sein Konzept systematisch entfaltet, entstehen aber erst Ende der 1920er bzw. Anfang der 1930er Jahre.

Schon damals, und noch ausgeprägter in den Jahrzehnten bis Deweys Tod 1952 und später, setzte sich jedoch im englischen Sprachraum die analytische Philosophie immer stärker durch, die mit Deweys begrifflich nicht immer präzise gefassten Ideen wenig anfangen konnte und fast durchgängig davon ausging, dass (sprach-)philosophische Fragen von dem unübersichtlichen Kontext des gewöhnlichen, qualitativ gelebten Lebens isoliert werden sollten (Wittgensteins Spätphilosophie bildet hier eine Ausnahme).

Im deutschen Sprachraum galt Dewey für Jahrzehnte ohnehin ganz überwiegend als Vertreter eines unkritischen, instrumentell verkürzten und wie es das Vorurteil wollte, ›typisch amerikanischen‹ Verständnisses der menschlichen Vernunft.[27]

Das intellektuelle Klima der Zeit war also für eine angemessene Rezeption von Deweys kontextuellem, verkörperungsbezogenem Denken nicht günstig. Gregory Pappas hat in einem Aufsatz 2016 gezeigt, dass selbst unter Dewey-Experten die Grundideen des qualitativen Denkens zwar häufig in der Ästhetik, Ethik und Pädagogik gewürdigt werden, mit Blick auf seine Logik und die Theorie der Forschung jedoch weiterhin selten Erwähnung finden.[28] In der hier vorgelegten Neuedition wird hingegen, mit Pappas und anderen, eine andere These vertreten: Deweys Verständnis des Qualitativen ist geradezu ein Schlüssel für sein Gesamtwerk und nichts, was z. B. in die Ästhetik abgedrängt werden könnte.

In den letzten Jahrzehnten lässt sich jedoch ein deutlich gestiegenes Interesse nicht nur am Pragmatismus und an

27 Die immer noch beste Aufarbeitung der zumindest in der ersten Hälfte des 20. Jahrhunderts misslungenen deutschsprachigen Rezeption des Pragmatismus bietet Joas 1992.

28 Pappas 2016, S. 437–440.

Dewey im Allgemeinen, sondern auch an dessen Aufwertung des Qualitativen im Speziellen beobachten. Ein wichtiger Hintergrund dieser Neuentdeckung ist die Entwicklung der Kognitionswissenschaften.[29] In ihrer Frühphase war es für die Kognitionswissenschaft charakteristisch, dass sie sich an der Computermetapher des menschlichen Geistes und am Begriff der Repräsentation orientierte. Seit einigen Jahrzehnten haben jedoch verschiedene Richtungen immer mehr an Bedeutung gewonnen, die den verkörperten, eingebetteten, erweiterten und ›enaktiven‹ (kognitive Prozesse werden aktiv in ebenso physischen wie sinnhaften Interaktionen des Organismus gemacht, »ausagiert«[30]) Charakter des menschlichen Geistes betonen. Dafür hat sich im englischen Sprachraum die Bezeichnung *4E Cognition* (für die vier »Es« *embodied, embedded, extented* und *enactive*) etabliert.[31]

Philosophisch gesehen hatte man sich dabei zunächst an phänomenologischen Autoren wie Edmund Husserl (1859–1938), Martin Heidegger (1889–1976) und vor allem Maurice Merleau-Ponty (1908–1961) orientiert, mittlerweile mehren sich aber die Stimmen, die in Deweys verkörpertem, situativen und kontextuellem Verständnis der menschlichen Weltbeziehungen einen wichtigen Vorläufer und bleibenden philosophischen Bezugspunkt der *4E Cognition* (insbesondere in ihrer enaktivistischen Variante) erkennen.

29 Siehe dazu insb. den Sammelband *Pragmatism and Embodied Cognitive Science* (Madzia/Jung 2016).

30 Gallagher 2009.

31 Einen umfassenden Überblick gibt das fast tausendseitige *Oxford Handbook of 4E-Cognition* (Newen / de Bruin / Gallagher 2018).

Die bekanntesten Autoren dieser Richtung sind Shaun Gallagher, Alva Noë und Mark Johnson. Gallagher sieht in Dewey nicht nur einen systematisch immer noch relevanten Vorläufer des Enaktivismus, sondern er eignet sich auch Deweys Situationsbegriff explizit an.[32] Alva Noë, ebenfalls eine zentrale Figur des wahrnehmungs- und handlungstheoretischen Enaktivismus, bezieht sich vor allem in seiner Kunstphilosophie[33] auf Dewey und seinen verkörperungstheoretischen Ansatz menschlicher Erfahrung als Resultat von Interaktion.

Am nachdrücklichsten knüpft an Deweys Konzept des Qualitativen jedoch zweifelsohne Mark Johnson an, der durch seinen gemeinsam mit dem Linguisten George Lakoff verfassten Klassiker der verkörperungstheoretischen Metapherntheorie, *Metaphors We Live By*[34] bekannt geworden ist. Johnson macht sich Deweys Vorstellungen des kognitiven Prozesses und der Relevanz qualitativ-ästhetischer Erfahrungen vollständig zu eigen und sieht sie auch durch empirische Evidenzen aus den Neurowissenschaften gestützt.[35] Er wendet sich besonders gegen die von ihm in der analytischen Philosophie (einschließlich des analytischen Pragmatismus' etwa eines Robert Brandom) konstatierte Ausklammerung des Extralinguistischen und Qualitativen.[36] Wer so vorgeht, opfere den Erfahrungscharakter unserer Weltbeziehung einem innerhalb des Sprachlichen verbleibenden Modell:

32 Gallagher 2017, S. 54–57.
33 Noë 2016.
34 Lakoff/Johson 1980/2003.
35 Vgl. Johnson 2017, S. 42–49, bes. S. 47 f. und Johnson 2018.
36 Vgl. Johnson 2018, S. 84.

> Wenn du bezweifelst, dass wir für Qualitäten leben, hast du den Bezug zu dir selbst und zur Welt verloren, denn Qualitäten versorgen uns mit den ursprünglichsten Bedeutungen, die uns zugänglich sind, vorgängig zu allen begrifflichen Abstraktionen oder bewussten Reflexionen, die wir vornehmen können, und diesen zugrunde liegend.[37]

Johnsons emphatische Aneignung der Ansätze Deweys rückt zwar das qualitative Denken ins Zentrum seiner eigenen Philosophie, geht aber kaum auf dessen logische Konsequenzen ein. Pappas stellt hingegen gerade diese logischen Konsequenzen heraus. Er kritisiert, dass die Kontrollfunktion des Qualitativen in der Forschung zu Deweys Logik vernachlässigt wurde.[38] Es genüge eben nicht, lediglich anzuerkennen, dass Dewey Qualitäten *am Beginn* des kognitiven Prozesses als wirksam sieht. Seine eigentliche Leistung werde erst sichtbar, wenn man tatsächlich realisiert, wie der qualitativ erlebte Situationskontext eine Führungs- und Kontrollfunktion in *jedem* Stadium der Gedankenentwicklung ausübt.[39] Es würde in die Irre führen, nach dem dualistischen Muster ›Qualitative Initialzündung plus logische Gedankenentwicklung‹ zu verfahren, weil das Qualitative (und dies würde mit dem Grundgedanken des

37 (Übers. M. J.) »If you doubt that we live for qualities, then you are out of touch with yourself and the world, for qualities provide the most primordial meaning available to us prior to, and underlying, any conceptual abstraction or conscious reflection we might engage in.« Ebd., S. 16.

38 Pappas 2016, S. 438–441.

39 Ebd., S. 445–460 und Jung 2023, S. 71–76.

Enaktivismus übereinstimmen) auf *keiner* Stufe des kognitiven Prozesses von den Denkinhalten isoliert werden kann.

Die hier exemplarisch angeführten Überlegungen zeitgenössischer Autoren zeigen, dass Deweys *Qualitatives Denken* durch neuere Entwicklungen in den Kognitionswissenschaften enorm an Aktualität gewonnen hat. Es ist gerade der Versuch, Kognition als biologisch fundiert und empirisch erforschbar zu verstehen, der Kognitionswissenschaftler im Umfeld der *embodied cognition* Deweys Einsichten in den Primat des Qualitativen neu entdecken lässt. Sachlich, wenngleich ohne expliziten Bezug auf Dewey, lassen sich hier auch die bereits erwähnten Arbeiten von António Damásio einordnen, der wie kein anderer die Kontinuität – anstelle des Gegensatzes – von Gefühl und Denken betont hat. Der menschliche Geist hat sich evolutionär als Steuerungsorgan des menschlichen Organismus entwickelt, und seine kognitiven Leistungen dienen der Interaktion mit der Umwelt, wobei hier ebenso sehr an die kulturelle und soziale wie an die natürliche Umwelt zu denken ist. Diese von Dewey schon früh vertretene Einsicht teilen auch die Vertreterinnen und Vertreter der *4E-Cognition*. Insofern ist es keine allzu gewagte Behauptung, dass die Rezeption seines Aufsatzes ein Jahrhundert nach seiner Entstehung ihre beste Zeit noch vor sich hat.

Das beste Beispiel für diese wachsende Aktualität Deweys bieten unsere zeitgenössischen Diskussionen um Künstliche Intelligenz, die sich nicht selten um die Frage drehen, ob KI-Systeme uns vielleicht bald überlegen sein werden oder gar Bewusstsein erlangen können usw. In diesen Diskussionen wird meistens ausgeklammert, dass Intelligenz ein *biologisches* Phänomen ist und nur qualitativ denkende Wesen (also vulnerable, sterbliche Organismen) überhaupt *Probleme* haben können, auf die sie intelligent reagieren müssen. Ein Problem ist etwas, das den Lebensvollzug eines Organismus beeinflusst. KI-Systeme hingegen haben weder Interessen noch Probleme, sie spüren deshalb auch keine Qualitäten und sind sich weder dieser Probleme noch ihrer selbst bewusst. Sie können nichts anderes, als hocheffiziente Werkzeuge für die Bearbeitung von Problemen sein, die sich dem qualitativen, verkörperten Denken stellen. Der Unterschied zwischen der Simulation von Intelligenz und ihrem organisch basierten Gebrauch ist eben ein qualitativer Unterschied. Mit Dewey den inneren Zusammenhang zwischen Intelligenz, Fühlen und organischen Lebensprozessen wiederherzustellen, ist daher ein wichtiges Korrektiv der Prämissen, unter denen im 21. Jahrhundert häufig über Künstliche Intelligenz diskutiert wird.

Inhalt